互联网 + 职业技能系列创新教材

新华互联网科技
XINHUA INTERNET TECHNOLOGY

电子竞技
产业形态概论

旭 徐 虹 唐子昂 编著

北京希望电子出版社
Beijing Hope Electronic Press
www.bhp.com.cn

内 容 简 介

随着“互联网+”时代的到来，职业教育和互联网技术日益融合发展。为提升职业院校培养高素质技能人才的教学能力，现推出“互联网+职业技能系列创新教材”。

本书主要介绍了电子竞技的发展历史，电子竞技的界定，电子竞技游戏的分类，电子竞技战术策略，重大电子竞技赛事，电子竞技俱乐部，电子竞技从业人员以及著名职业选手等，讲解了如何进行电子竞技赛事数据分析，还介绍了电子竞技媒体以及电子竞技行业认证的相关标准，阐述了电子竞技产业发展状况，并概述了电子竞技衍生产业状况，最后以电子竞技产业总体分析报告进行了总结。

本书可作为大中专院校、职业学校及各类社会培训机构教材，也适合广大电子竞技爱好者阅读参考。

图书在版编目（CIP）数据

电子竞技产业形态概论 / 沙旭，徐虹，唐子昂编著.
-- 北京 ：北京希望电子出版社，2020.8
ISBN 978-7-83002-751-3

Ⅰ. ①电… Ⅱ. ①沙… ②徐… ③唐… Ⅲ. ①电子游戏－运动竞赛－体育产业－概论 Ⅳ. ①G898.3

中国版本图书馆 CIP 数据核字(2020)第 131437 号

出版：北京希望电子出版社
地址：北京市海淀区中关村大街 22 号
中科大厦 A 座 10 层
邮编：100190
网址：www.bhp.com.cn
电话：010-82626227
传真：010-62543892
经销：各地新华书店

封面：汉字风
编辑：全 卫
校对：付寒冰
开本：787mm×1092mm 1/16
印张：12.5
字数：308 千字
印刷：北京虎彩文化传播有限公司
版次：2024 年 7 月 1 版 4 次印刷

定价：35.00 元

编 委 会

总顾问：许绍兵

主　编：沙　旭

副主编：徐　虹　唐子昂

主　审：王　东

编　委：（排名不分先后）

束凯钧　陈伟红　吴凤霞　李宏海　俞南生　吴元红

王　胜　郭　尚　江丽萍　王家贤　刘　雄　蒋红建

徐　磊　钱门富　陈德银　曹弘玮　赵　华　汪建军

赵　群　郭国林　葛孝良　杜树祥

参　编：孙立民　刘　军　全　卫

前　言

当我们谈论电子竞技时，同时谈论的也是电子竞技这一概念的过去、当下和未来。我们脑海中首先能想到的关于竞技的内容，是整个人类漫长的竞技体育和竞技运动历史。而电子竞技是属于当代的大众文化，它本身是一种特殊的数码产品，围绕它形成了整条电子竞技文化产业链。未来，还会诞生更多的数码产品，不只有传统电子游戏的衍生品，还有竞技运动数码程序，更有围绕电子竞技建立起的具有社会影响力的赛事活动。

电子竞技产生的时代背景起源于电视直播。1986年美国的ABC电视台直播了两个孩子在任天堂家用机上的比赛，这被看作电子竞技的开端。1990年，任天堂在美国的29个城市举办了比赛。但直到1998年，我们才看到了今天所定义的狭义的电子竞技形式。当年由于受经济危机的影响，电视台因缺少播出内容导致节目空档，而与此同时广受欢迎的暴雪公司游戏《星际争霸》发布了，这款具有跨时代意义的游戏满足了电视节目需求，深受当时人们的喜爱。

经济危机导致许多人失业，人们纷纷利用这款游戏打发时间。于是韩国的电视制作人灵机一动，开始制作《星际争霸》的相关节目。当时的资金紧张，而制作星际节目的成本低廉，这使得这款电脑游戏获得了巨大的发展空间。这种偶然的历史机遇成就了令人惊叹的韩国电子竞技产业。

自2011年在德国科隆举办的第一届DOTA2国际邀请赛（简称Ti1）开始，电子竞技线下大赛的风潮开始席卷全球，形成了一种现象级的文化产业奇观。

2003年，国家体育总局批准电子竞技为我国正式开展的第99个体育项目。2008年，国家体育总局在整合现有的体育项目时，将电子竞技重新定义为国家的第78号体育运动项目。当年年底，CCTV10《百科探秘》栏目播出了《78号运动》。2009年的宁波中国电子竞技大赛上，地方驻军也派出了自己的代表队参加表演赛和之后的比赛，国家对电子竞技产业发展的支持力度由此可见一斑。

经过了21世纪第一个十年，电视机在客厅的核心地位逐渐淡出，随之而来的是去中心化的网络时代，电子竞技平台也成为了互联网众多用途之一，线上竞技的模式和多平台网络直播的发展趋势开始初露端倪。于是便有了今天我们见到的众多网络游戏和在线电子竞技游戏。

电子竞技在今天作为一种大众文化，有广泛的群众基础。如今有越来越多的传统体育投资者开始关注并投资兴建电子竞技俱乐部，以助推整个产业的运营和发展。电子竞技和体育竞技在竞技的特征上都属于同一家族，而电子游戏和视听艺术这一类承担叙事娱乐功能的媒体，在特征上又属于另一类家族。单纯地以数字代码编写的方式将电子竞技和电子游戏分成一类是有失偏颇的，这样的分类会让我们对这一产业的研究不够客观。

目前阶段的电子竞技项目，主要考察参赛选手的三种竞技比赛能力，分别是：人机协调能力、综合判断能力、合作协同能力。用传统的电子竞技术语可以概括为：操作、意识、配合，但这又不能完全一一对应，具体区别会在之后的章节中详细讨论。这三者中，如果人机协调能力脱离了传统的鼠标和键盘，改用全景式头盔和动作捕捉技术，那么电子竞技选手的操作能力和其他传统体育项目，如赛车、射击、射箭等运动所需能力就变得难以区别，电子竞技选手同样也要具备场上临危应变的综合判断能力，以及比赛中与队友的协同配合能力。电子竞技选手所需的综合能力，将会逐渐超过传统体育运动项目对选手的要求。

这样一来，如果现代奥林匹克运动会中没有电子竞技项目，就会在奥运精神的传承性上有所欠缺。在一个没有“神”眷顾的时代，现代奥运会要展现的是属于人类自己的全部创造力与想象力，不只是对身体机能的挑战，还有对思维极限的拓展，这才完美地诠释了运动竞技精神。

进入21世纪，人类社会步入了数字化时代，面对新时代的机遇与挑战，人类需要培养更强的信息获取、信息处理和信息加工的能力。电子竞技作为一项与时俱进的竞技运动，它的出现不只是存在的合理证明，更是符合这个时代特征的竞技形式。

编者

目　录

第一章

电子竞技发展历史

第一节 电子游戏的出现

二战以后，日本的经济开始慢慢复苏，不少资本家络绎不绝地从日本来到美国。对日本来说，美国是他们战后复兴的遥远梦想，同时也是商机无限的赚钱“圣地”，这也为日本游戏业的产生种下了希望的种子。

1952年，井深大（日本SONY公司创始人之一）在索尼公司刚刚开发录放机的时候，为考察录放机的市场状况，专程去了美国。在这次旅行途中，他听到了贝尔实验室计划公开半导体发明成果后，立刻就和贝尔实验室的发起单位WE（西部电子，Western Electronic）进行接洽。

1953年，盛田昭夫（日本索尼公司创始人之一）赴美。他在自己的著作《日本制造》一书中，谈到他初次到纽约的感受：“我第一次到美国访问时，被展现在眼前的情景所震撼。所有的东西都是这么大、这么远、这么广阔，而且是那么的多样化。想要在美国这样的国家中销售产品，简直就是不可能的。我唯一的感觉，就是被这个国家凌驾而已。”

“黄金时代”的美国，对来自发展中国家的年轻技术者来说是相当具有吸引力的。初期生产纸牌、扑克牌的老店“任天堂”从山内积良那一代起，到其孙山内溥，在当时的日本已成为行业的霸主。山内溥（时任任天堂总裁）在1956年赴美，考察美国最大的扑克牌厂商“US游戏卡片”。山内原本以为眼前会呈现一个庞大的企业，但是从车窗向外看，出现在这位青年经营者眼前的不过是一家中小型工厂。山内心想，如果一味只局限在纸牌业的话，即使是排名世界第一的公司也不过如此。山内也就是基于这个想法，开始引导任天堂脱离扑克牌这一古老行业。

1958年，美国为了提升参观纽约Brookhaven国家实验室游客的兴趣，邀请物理学家威利·希金博特姆（Willy Higiubotuam）在一台示波器上展示一款双人网球交互式游戏，这是世界上第一款视频游戏。一年后，他改进了这一发明，使用显示器显示。

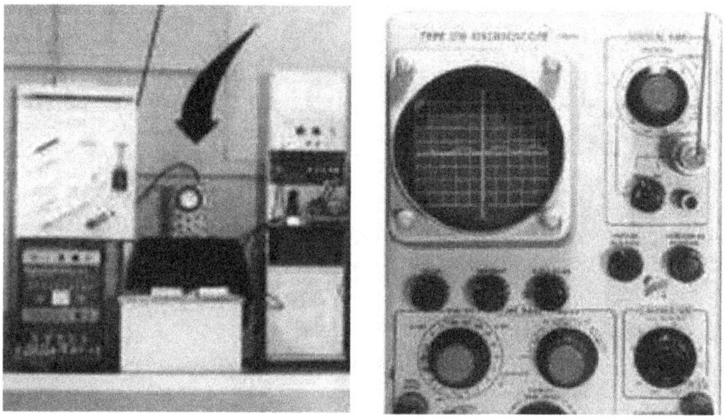

第一款视频游戏

1962年，美国出现了一位传奇般的人物，他叫史蒂夫·拉塞尔（Steve Russell），是麻省理工学院的工科研究所学生。他开发了基于古典太空科幻小说*LENS MAN*系列，名为*RUN*的星际大战型的电脑游戏，模拟宇宙战斗艇和飞碟的战斗。*LENS MAN*个人游戏在20世纪60年代中期风靡全美。

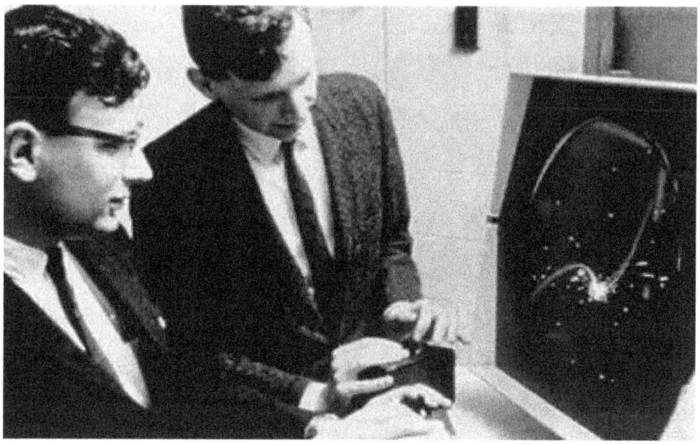

风靡当年的*RUN*

诺兰·布什内尔（Nolan Bushnell）是一位经常流连于犹他州立大学电脑研究室，享受电脑游戏乐趣的学生。从孩提时代，诺兰就是一位科幻小说迷、梦想家，大学毕业后就进入ANPECS公司的电脑影像部门，担任技术员。出于对《星际大战》无比的喜爱，他一边工作，一边制作改良版的《星际大战》，并且将其命名为*Computer Space*（即《电脑空间》）。

诺兰所制作的游戏，只需要在19英寸的黑白电视机上接上IC电子回路，就具备了玩游戏的功能。与整套的电脑比较起来，成本低廉是最大的特点，这样的设备也是街机游戏机的雏形。

《电脑空间》

诺兰每次在电动玩具中心、撞球场、保龄球馆看到放置的电动弹珠台时，就梦想着自己发明的电动游戏也可以摆放在这些场所供大众娱乐。为了不让自己的发明和梦想化为乌有，诺兰从ANPECS公司离职，转而加入制作弹珠台的小公司，但是就在理想实现前，这家公司遇到财务上的麻烦，无法再继续经营下去了。

失业的诺兰为了使自己的游戏成为商品，与一位友人各出资250美元开办公司。对于形成的初期来说，*Computer Space*的操作过于复杂，于是诺兰制造出一台名为*Pong*的乒乓球游戏机，并在1972年11月完成。这款游戏宣称“用一只手操作，另一只手可以喝啤酒”，诺兰实验性地将这台游戏机放置在安迪啤酒店，结果游戏机前居然连日大排长队。受到极大鼓励的诺兰向当地银行贷款5万美元，雇佣嬉皮士打扮的年轻人正式生产*Pong*。利用废弃溜冰场作为*Pong*的生产地后，诺兰开始广招人才，其中成为第四十名员工的，就是后来的“苹果之父”史蒂夫·乔布斯（Steve Jobs）。乔布斯在当时诺兰的工厂见到的是“大麻的臭气通过空调系统散发至整个工厂，工作人员还有人因胡须过长，连脸都看不到”。

弹珠台

一直以弹珠台、机械式游戏为主的美国游戏业，对*Pong*的推出表现出冷眼旁观的态度。全盛时期美国的代表，都是可口可乐、直立尾翼的敞篷车或是弹珠台，由此可见当年弹珠台在美国社会中的地位。在20世纪50年代至60年代，弹珠台在设计上、功能上的变化也相当多，可以说是色彩艳丽、声光夺目。当实验性地将*Pong*摆在光彩夺目的弹珠台机器旁，竟然和之前摆在安迪啤酒店一样，展现出惊人的吸引力。这款简单的游戏竟然有如此魅力，主要的原因可能在于其新鲜感：原本应该是毫无重力的球，经过画面中光源的碰撞，竟然能像有重量的球一样，依照物理法则自然运动，即便在没有对打对手的时候，电脑也可以充当对手。在那个年代，未接触过电脑的人相当多，当他们第一次接触到电脑的时候，兴奋的程度简直就像是在观看魔术表演。这个游戏还能让一般人改变把电脑当成“忠实机器人”的态度，让人们觉得电脑是游戏的伙伴，虽然它看似很神秘，但却能打败对手。

Pong（家用）

*Pong*街机

第二节　电子竞技的起源和发展

一、电子竞技

利用电子设备进行的人与人之间的智力对抗运动就是电子竞技。

2017年10月28日，国际奥委会第六届峰会在瑞士洛桑举行，会议对当时的电子竞技产业形态进行了激烈的讨论，最终同意将电子竞技视为一项新的“运动”。

二、基本特征

电子竞技的基本特征就是电子和竞技。

“电子”是方式和手段，是指这项运动依赖于电子技术和电子设备来进行，这很像传统体育项目中的场地和器械。在这项运动中，“器械”是依靠信息技术呈现的，这也是传统体育与电子竞技的不同之处。

“竞技”指的是运动体育的本质特性，也就是对抗。作为一个体育项目，其最基本的特征就是对抗。电子竞技运动有很多种项目，但核心终究还是对抗和比赛。

世界赛总决赛舞台

三、概念总结

通过以上的介绍，我们可以这样理解电子竞技运动的概念：电子竞技运动是在信息技术营造的虚拟环境中以电子竞技游戏为基础、信息技术为核心，以软硬件设备为器械，依据统一的竞赛规则，公平进行的对抗性电子竞技游戏比赛。电子竞技正在成为一项全新的体育运动。

它与网络游戏主要区别在于：

第一，基本属性不同。网络游戏是娱乐游戏，电子竞技属于体育运动项目；网络游戏主要是在虚拟的世界中以追求感受刺激为目的的模拟和角色扮演，电子竞技则是在信息技术营造的虚拟环境中，有组织进行的人与人之间的智力对抗。

第二，电子竞技有明确统一的比赛规则，最大特点是严格的时间和回合限制，而网游则缺乏明确统一的比赛规则，没有时间和回合的限制，容易使人沉迷。

第三，电子竞技比赛是选手之间秉持公正公平的体育精神，通过人与人之间的智力对抗，决出胜负，而网络游戏主要是人机之间或人与人之间的交流互动，不一定需要人与人的对抗来评判结果。

第四，电子竞技注重思维能力、反应能力、心眼四肢协调能力、大局观、意志力，以及团队精神，而部分网游只需通过充值就能取得优势，这也是电子竞技有别于网络游戏的最主要的不同之处。

四、行业构成

电子竞技首先离不开平台，也就是电视游戏、电脑游戏和智能手机游戏，所有电子竞技赛事都是基于游戏展开的。国际上作为电子竞技赛事的游戏多为直接对抗的FPS游戏、英雄对战MOBA竞技游戏、格斗游戏，广为人知的电子竞技游戏包括《星际争霸2》《魔兽争霸3》、*DOTA2*、*CSGO*、*DOTA*、《英雄联盟》《风暴英雄》《雷神之锤》、*DNF*、《绝地求生》、*APEX*、《帝国时代》《虚荣》《守望先锋》、*FIFA*、《炉石传说》《彩虹6号》等局域网/网战游戏（类似于《王者荣耀》一类的手机游戏还未发展到与主流电子竞技游戏平等的地位，但是已经有相关联赛出现）。

电子竞技赛事一般是以联赛的方式举办，一年举办一次，或一年分多个赛季。

随着网络游戏的兴起，表演赛项目不断进入电子竞技赛事，赞助商开始更青睐网络游戏的赛事。由于赞助商的原因，2014年起国际最知名的电子竞技赛事WCG停办，电子竞技赛事也演变为由游戏赞助商、运营商自办的赛事，电子竞技产品也逐步多元化。

五、电子竞技与赛事

中国玩家可直接参加的、定期的电子竞技赛事有：

- DOTA2：i联赛（imbatv）、G联赛、超新星公开赛、ISS中国网吧超级赛、DOTA2国际邀请赛

英雄联盟：LPL（英雄联盟职业联赛）、LDL（英雄联盟发展联赛）、MSI（英雄联盟季中冠军赛）、RR（英雄联盟洲际系列赛）、WCS（英雄联盟全球总决赛）、All-Star（英雄联盟全明星赛）

星际争霸2：WCS（暴雪星际世界锦标赛）、GSL（星际争霸2联赛）

守望先锋：OWL（守望先锋联赛）、OWOC（守望先锋挑战者系列赛）、OWOD（守望先锋公开争霸赛）

终极火力：EFCUP冠军杯、EFM大师赛、TGA大奖赛

地下城与勇士：F1天王赛地下城与勇士职业联赛

- WESG世界电子竞技运动会

WCG、CPL和ESWC被称为世界三大电子竞技赛事。

六、选手

选手即"电子竞技运动员"，是指那些出类拔萃、经过层层选拔、有资格参加电子竞技比赛的职业玩家。与传统体育运动项目的选手一样，职业电子竞技选手也需要针对一款游戏（一个项目）进行长时间不间断的训练。

电子竞技选手一般分为职业选手和业余选手，两者的区别在于业余选手只会以业余的身份参加比赛，并不以此为职业。职业选手一般都会隶属于某家俱乐部或战队，形成雇佣关系。

第三节　电子竞技发展历程

一、萌芽（1972～1980年）

1972～1980年期间，电子竞技这个词语开始出现在人们的视线中，而*Space War*这款游戏就是"万恶之源"，该款游戏是由就读于麻省理工学院的Steve Russell和他的几位同学在1962年设计的。

虽然这并不是世界上第一款电子游戏，但是*Space War*是世界上第一款真正意义上具有娱乐性质的电子游戏，所以比第一款游戏*Tennis For Tw*更具有代表性。当时也不知道是哪位"脑洞大开"的人士提出，利用这款游戏来举办一场比赛，而且居然还拉到了赞助。

斯坦福的学生在1972年10月19日被邀请参加*Space War*的竞赛，名为*Intergalactic Space War Olmpics*，美国杂志给赢得比赛的学生提供一年资助。他们也是第一批获得比赛奖金的选手。

Intergalactic Space War Olmpics

其实在当时有许多可玩的电子游戏，人们也开始用这些游戏来竞技，第一个吃螃蟹的人出现后，很多人随后也开始加入进来。第一场电子竞技比赛举办两年后，雅达利公司在1980年举办了名为*The Space Invaders Championship*即《太空侵略者锦标赛》的大型游戏竞技比赛，选用的游戏是在1979年由日本游戏公司南梦宫推出的街机射击类游戏《太空侵略者》。

The Space Invaders Championship

当时这个锦标赛造成了很大的轰动，吸引了超过1万人参加，也就是从这个时候起，竞技性游戏逐渐成为主流的游戏类型。同年一家名为Walter Day的游戏公司，成立了一个游戏界最高纪录的组织Twin Galaxiex，很大程度上促进了游戏行业的发展。

二、初见（1980～1990年）

初见并非指第一次出现，而是这个时期的非玩家群体也可通过一些渠道有意无意间得到电子竞技的相关消息，这就要归功于一个非常重要的媒介——电视。

在早期还没有直播的时候，人们一般都是通过电视节目来观看电子竞技比赛，而第一次将电子竞技搬上屏幕是在1982年，世界上首档电子竞技比赛节目《星际游乐园》（*Starcade*）于1982～1984年在美国的TBS电视台共播出133集，简单来说其内容就是尝试打破其他玩家保持的游戏最高分纪录，收到了很不错的反响。

TBS录制大厅

许多玩家出于感兴趣或是证明自己的目的而参赛，之后著名电视节目《不可思议》也加入进来，人们可以不用亲临现场，通过屏幕，就能了解到比赛的相关内容。

1983年，美国国家游戏团队创建，开启了以团队名义参加比赛的序幕。1985年Billy Mitchel则以一个街机玩家的身份被全世界所认识，Billy在游戏“吃豆人”和“大金刚”的六场比赛中连续保持最高分纪录，成功创造了吉尼斯世界纪录。历史上总有人会为了自己感兴趣的事情而付出，他们不在乎能不能获得收益，这也正是某些行业的发展总是特别迅速的原因之一。

其实在20世纪70年代至80年代，电子竞技就已经开始流行，玩家和比赛越来越多，一些杂志和网站开始报道相关的内容，同时一些非玩家人群也在关注这个圈子。

三、发展（1990～2000年）

上面说到的游戏都不是网络游戏，而电子游戏网络化的实现应该是在1990年。网络化的实现也意味着选手可在线上进行游戏了，也正因此电子竞技行业开始了真正的发展。

这个时期的许多PC游戏都可以进行网络化对战，其中的代表作——MOBA游戏鼻祖*Netrek*，可实现16位玩家同时竞技。作为世界上第三款网络游戏，它却是第一款使用Metaservers定位打开游戏服务器的，第一款能够保存用户信息的网络游戏，它也是第一款互联网团队游戏。在1993年被美国杂志*Wired*评为“第一款在线体育游戏”，因此评价MOBA类游戏是电子竞技网络化的开端也不足为过。

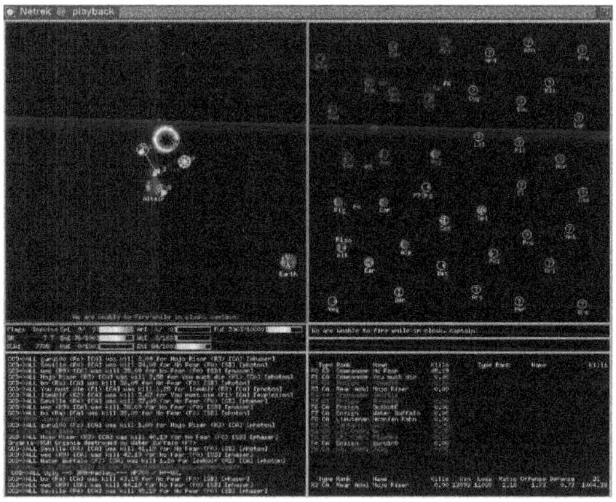

Netrek

电子竞技开始网络化后，20世纪90年代举办了许多规模不一的电子竞技比赛，而且比起萌芽时期的比赛要专业得多，其中最引人注目的当属任天堂举办的世界锦标赛。以任天堂当时在游戏界的地位，确有这个实力举办一场举世瞩目的电子竞技比赛。任天堂世界锦标赛在美国巡回进行，总决赛安排在加利福尼亚的好莱坞环球影城举行。

1990年任天堂世界锦标赛

趁着势头，任天堂在1994年举办了第二届世界锦标赛。但在此后很长时间，任天堂再也没有出现在电子竞技游戏界。期间还有另外一个较大的电子竞技比赛，20世纪90年代初由Blockbuster公司和著名杂志*Game Pro*联合举办的锦标赛，美国、加拿大、英国等国公民都可参加，在当时算得上规模相当大的电子竞技比赛。

毫无疑问，这些比赛很大程度上促进了电子竞技行业的发展。而当时间来到20世纪90年代末，伴随着互联网的普及，电子竞技在人们心中的地位已经上升到了新的高度。这个时候id Software、V社、暴雪等游戏公司开始涌现，它们推出了许多知名的游戏，这些游戏同样也很适合竞技。

随着这些游戏的出现，越来越多电子竞技比赛组织开始成立，这些组织的成立意味着现在我们口中“传统”比赛项目的出现：如1997年6月27日在达拉斯成立的电子竞技联盟CPL（Cyberathlete Professional League，游戏包含《反恐精英》《雷神之锤》和《魔兽》）；ZeniMax和id Software举办的一年一度以《雷神之锤》命名的游戏盛会Quakecon；还有著名的PGI也在此期间成立。

2002年CPL冬季赛宣传海报

到现在韩国都是世人公认的电子竞技大国，拥有最好的电子竞技报道，最专业的电视频道24小时都在播放电子竞技比赛。在韩国，电子竞技是个严肃的行业，每年可给韩国带来数十亿美元的经济收益，例如2000年开始在韩国举办的WCG世界电子竞技大赛成为最著名的赛事之一,而职业选手在韩国受欢迎程度丝毫不输于体育和娱乐明星。更加令人惊讶的是，韩国政府还专门设立了负责游戏管理的部门。可以说，电子竞技在韩国已实现产业化发展。

PGI比赛现场

21世纪随着电子竞技产业的飞速发展，增加的不仅仅是比赛和职业选手的数量，还有收视率和比赛奖金。

WCG赛事logo

WCG被称为“电子竞技奥运会”，在当时它是所有职业选手心中的梦想。由于是韩国政府扶持的项目，赛事成立初期就得到许多大牌商家的赞助，在2000年10月7日首次比赛就吸引了17个国家共174名选手参赛，赛事游戏包含《雷神之锤》、*FIFA*、《星际争霸》《帝国时代》等，而其中最吸引人的当属2万美元的总奖金。

四、爆发（2000年至今）

2001年WCG在当时的汉城举办了大赛，奖金池在当时已经高达60万美元，参赛人数也比之前翻了一番，共24个国家430名选手晋级决赛，其中中国选手“枪神”孟杨也开始了他的传奇人生。

除了让人肾上腺素飙升的传统电子竞技比赛之外，许多非主流电子竞技比赛也开始举办。比如一些网页游戏和休闲游戏的比赛，其中最著名的当数2006年举办的FUN Technologies。这个比赛的项目全是休闲游戏，包含《宝石迷阵》《祖玛》《数独》和《国际象棋》等游戏。与此同时，联盟的出现代表着电子竞技开始向正规化方向发展，如著名的G7联盟，由当时世界著名的7支反恐精英战队组成，分别是：4king、Fnatic、Made in Brazi、Mousesportes、NIP、SK-Gaming和Team3D。

2011年直播平台Twitch的出现，预示着电子竞技将要真正深入人心。Twitch由Justin Kan和Emmett Shear联合创立，如今Twitch是世界上最成功的直播平台之一。随着Twitch的成功，许多国家的厂商开始建立属于自己的游戏直播平台，世界各地的玩家也可以非常便捷地在网上观看想看的电子竞技内容，从此就正式进入了一个大直播时代。

游戏玩家逐渐被认可，2013年美国许多大学开始承认有电子竞技选手身份的学生为运动员，并为其提供运动奖学金。同样在这一年，加拿大一名LOL ID为Shiptur的职业选手成为第一个获得美国P-1A签证的国际认证选手。

信息大爆炸的今天，众多的比赛、直播、选手让我们离电子竞技越来越近，就算不去关注，它们也会像风一样向你迎面扑来。不管这些电子竞技选手是谁，不可否认的是他们曾经把电子竞技当作自己追求的梦想，同时也为争取荣誉而努力。喜欢电子竞技的人或多或少会感受过伴随这个职业的汗水、泪水、掌声或是失落，哪怕只作为一个普通玩家，也会为一些骂声而沮丧，也会为一些时刻而感动，当看到有选手能代表中国站在世界最高水平领奖台时，感受到的骄傲和兴奋更是无法形容。

第二章

电子竞技界定

第一节　电子竞技的概念

竞技运动的发展源于人类存在的对抗行为。不管是在日常生活，还是在战争中往往都表现出对抗性，而竞技运动的产生正是建立在对这些行为的约束和模仿之上。人们用竞技场代替战场，用球和网代替阵地和子弹，这也是竞技运动促进人类文明进步的标志。

竞技对抗，古已有之。竞技是为了荣誉也是为了娱乐，竞技比赛最早是向神祭祀的仪式，在宙斯荣光的庇护下，希腊人在角斗场证明自己是最强大的民族。

电子竞技是电子游戏比赛在竞技层面的活动。电子竞技运动是利用电子设备（电脑、游戏主机、街机、手机）作为运动器械、操作上强调人与人之间的智力与反应对抗的运动。电子竞技指使用电子游戏来比赛的体育项目。随着其对经济和社会的影响不断增加，电子竞技已正式成为运动竞技的一种。

现在的电子竞技通过比赛宣传打造游戏产品，职业运动员在比赛中获得奖金并以此谋生，整个产业是更大领域——文化娱乐产业的一部分。

第二节　电子竞技的类别

电子竞技目前分为八类，排在第一位的是多人在线竞技类游戏（Multiplayer Online Battle Arena），即MOBA类游戏。这类游戏是由10名玩家组成的两支队伍，目标是摧毁对方内部的主基地，同时保护自己的主基地不被摧毁，它再现了古代堡垒的攻防战。游戏使用鼠标和键盘同时操作，每人控制一名角色进行对抗，战场是一块具有单位体积碰撞反应的三维等角透视地图。玩家被分为两队，大多情况下都需要买装备。不同于《魔兽争霸》这样的传统RTS类游戏，这类游戏不需要造建筑物和训练兵种，只需要控制自己选择的一名角色即可。

第二类游戏是生存类游戏，简称SG，是大逃杀写实类的射击游戏。游戏中每一局最多允许有100名玩家参与，在这个大型竞赛中争取生存至最后。可以选择第一人称也可选择第三人称，并且每支队伍人数不同。而无论是哪种模式，生存至最后的人或队伍将获得这场比赛的胜利。生存游戏是20世纪50年代起源于美国中西部的一种户外活动。

第三类游戏是格斗游戏，即Fight Game，简称为FTG，是动作游戏的一种。游戏一般是将选手分为两个或两个以上的阵营进行对抗，像拳击那样的格斗或者使用连招技巧赢得胜利。它是有明显的动作打斗场面的游戏，也可以说是动作类游戏的重要分支。操作和微操作，是格斗游戏中的重要组成部分。

格斗游戏的分支一般按照不同游戏地图的线性或非线性及游戏人物的活动范围的不同进行区分。因此包含有2D、混合渲染（2.5D）以及3D这些类别。注意，这个类别并不代表画面的渲染方法，而是代表游戏人物活动的范围。所谓3D指的是地图以三维立体空间的形式体现，并且游戏人物可以上下左右前后六轴自由移动；而2D是指游戏人物只能前后（相对于玩家是左右）运动；2.5D有两种意思：一种地图是3D的，但是游戏人物的活动范围只有前后（相对于玩家的左右），而另一种地图是线性的，但是人物却可略微横向移动。

虽然有很多种，但几乎所有的格斗游戏的游戏方式都相同。只有一点小差异，那就是3D格斗游戏由于视角会转换，不能再使用Backspace键作为防守，所以大多设有专用的防守键。

第四类是第一人称射击类游戏（First-person Shooting Game），也叫FPS类游戏。严格来说，FPS游戏属于动作类游戏（Action Game），即ACT类游戏的一个分支，就像RTS类游戏一样，由于世界各地玩家较多，迅速发展为一种单独的游戏类型。

第五类是即时战略游戏（Real-time Strategy Game），简称RTS，是即时进行的策略及回合制游戏的一种。玩家在游戏中进行调兵遣将等战略操作。

第六类游戏是卡片游戏，又称为卡牌游戏，属于桌面游戏的一种。关于卡牌游戏的起源有多种说法，目前普遍认为现代卡牌游戏起源于我国唐代一种名为“叶子戏”的游戏纸牌。卡牌类游戏还分为集换式和非集换式。

集换式卡牌游戏始于1993年8月，包括有威世智公司出品的以西方的神话传说为背景的纸牌游戏“万智牌”（*Magic the Gathering*，MTG）、KONAMI的游戏王卡（*YU-GI-OH! Trading Card Game*）。欧美许多知名的角色扮演游戏如“龙与地下城”都有自己的纸牌系统。非集换式有《三国杀》《斗地主》等。

第七类游戏项目是体育模拟类游戏，体育类游戏亦称“活动性游戏”，例如现在较为热门的*FIFA*、《实况足球》、*NBA2K*等。

最后一类是未来充满众多可能性的游戏类型。电子竞技的活力生生不息，说不定在未来的某一天就出现另一种游戏类别。电子竞技类型一直都在变化，但是电子竞技精神永远存在。

第三节 电子竞技与体育赛事

当电子竞技选手、电子竞技运营师成为正式职业，甚至连央视都在微博上进行科普，这足以表明电子竞技正在走入有序发展的正轨，而从业人员再也不是以前被称为“坐着打游戏”的网瘾少年了。

最让人兴奋不已的是电子竞技在《体育产业统计分类》中的编码为020210210，是与足篮排三大球属于同一类职业体育活动。这就意味着今后的电子竞技商业化、市场化的职业体育赛事活动的组织、宣传以及职业俱乐部和运动员的运营与表现等将和其他体育项目一样开展，全民电子竞技时代指日可待。

国家已经将电子竞技列为一项正式体育项目了，那社会大众的意见是什么样的呢？WE电子俱乐部作为电子竞技界的老大哥发微博称“为梦想，继续努力”，可以看出在这件事上WE无疑是持支持态度的。WE是2005年成立的俱乐部，提到WE就不得不提到世界冠军，蝉联了三年“魔兽争霸”世界冠军的李晓峰。可以说李晓峰是中国电子竞技发展史上的第一人，推动了电子竞技发展的进程。李晓峰在官方宣布电子竞技正式成为一门职业的时候也是无比激动，他认为真是赶上了一个好时代。

电子竞技的发展一帆风顺吗？当然不是。在杭州2022年的亚运会比赛项目中并没有电子竞技，理由是程序不正规、内容暴力。其实电子竞技的“暴力”还根本达不到上纲上线的程度。在部分人的眼中电子竞技还是一个不成熟的行业，远没有达到可以全面推广的程度。从某些方面来说，电子竞技到了最难的时候。

现在电子竞技的主力军肯定是年轻人，但问题却也在于此。由于年轻人接受新事物的能力非常强，因此受众人群也就成为了电子竞技需要注意的问题。有网友就表示电子竞技成为体育项目并进行推广，让更多人了解并不是一件好事。因为几岁的孩子、十几岁的青少年，身心各方面都不够成熟，会被误导将游戏等同于电子竞技，很容易把电子竞技作为借口将游戏放在第一位而耽误学习。真要到那个时候电子竞技行业肯定会成为众矢之的。

也有网友表示电子竞技和游戏是两个概念，政府应该在这个问题上科普大众，让人们知道游戏并不等同于电子竞技。电子竞技和游戏只是使用了同一个载体，让人们正视并了解电子竞技是比较好的选择。政府支持电子竞技并不是支持青少年长时间打游戏浪费时间，荒废学业，而是鼓励人们利用自己喜欢的东西去创造价值，去争取荣誉。在政府为电子竞技正名的同时，大众更应努力看清电子竞技的本质，关注喜爱电子竞技，那电子竞技得到社会承认就是必然的了。

体育赛事，一般指有规模、有级别的正式比赛。目前全球规模大、影响力大的体育赛事有世界杯、奥运会、一级方程式赛车、NBA等，以及各类洲际体育赛事和各单项体育组织举办的世锦赛，国内也有专门的体育赛事直播网站，每周都会进行体育赛事直播，比如新浪、网易、优酷等。最近也有媒体转播NBA、CBA、中超、意甲、法甲、德甲、西甲、英超、联盟杯、欧洲冠军杯、世界杯、欧锦赛、斯诺克比赛、国内外乒乓球赛，南美洲足球比赛等赛事。

电子竞技赛事，指的是通过周密的组织，遵守共同的规则，以竞技的形式，比拼电子游戏的比赛形式。举办电子竞技赛事需要制定具体的、公平、公正、公开的比赛规则，同时要能够合理合法地对比赛进行裁决和评判。

第三章

电子竞技游戏分类

第一节 MOBA类游戏

MOBA类游戏的前身是《星际争霸》里的来自名为“Aeon64”玩家的一张自定义地图，这张地图叫 Aeonu of Strife，这也是MOBA类游戏的鼻祖。

到《英雄联盟》的出现（简称LOL），这类游戏被称为DOTA类游戏。之后，LOL被美国拳头游戏公司更名，才有了MOBA类游戏的叫法，随后MOBA的叫法开始更加流行起来，即便是从DOTA演变过来的，到最后就连DOTA也被称为MOBA类游戏了。

DOTA渐入佳境，逐渐成为世界上各大游戏平台上的热门游戏，这款游戏和其他的DOTA类游戏为后续的一些优秀作品奠定了良好的基础。

当时，其他人也注意到了DOTA地图的受欢迎程度，于是，独立的游戏很快出现，第一个值得注意的就是在2009年发布的《半神》。作为第一款独立出现的MOBA类游戏，这款游戏推出之时甚至还没有MOBA的叫法，在当时，很多人把这款游戏称为类DOTA。在很多方面，《半神》都与*War* 3 地图很像，在这个游戏中加入了自己独立的英雄背景。游戏上市后很多玩家连不上线，也正是由于这个原因，导致《半神》没有机会成为《魔兽》的强力对手，该游戏也因此没有真正的流行过。

在DOTA之后，拳头游戏公司发布的《英雄联盟》，成功带动了电子竞技赛事的兴起，促进了电子竞技的发展，成为目前国内玩家人数最多的游戏。

罗列出所有的MOBA类游戏是不可能的，因为许多家游戏厂商还在开发类似的游戏。现在的发展趋势要求有想法的游戏厂商只有不断推出好玩的、热门的MOBA类游戏才能在这个行业立足。

如果比较RTS游戏和MOBA游戏的区别，可能MOBA类游戏相对缺乏一点操作性，RTS类游戏的可玩性高于MOBA。还有就是这类游戏中的大多数内容都是不需要花钱就可玩到的，所以许多不适应大范围、高级操作的玩家选择了MOBA。

其实MOBA一词在中国还存在一些争议。有一种观点认为，MOBA一词并不能很好地区分出《英雄联盟》等多人在线推塔游戏与《使命召唤》系列、《战地》系列等其他类型的多人在线游戏的区别，也不能很好地区别与《魔兽争霸》系列、《星际争霸》系列类RTS类（即时战略游戏）的区别，因此争议一直在持续。

第二节 FPS类游戏

第一人称射击类游戏，其实属于ACT类游戏的一个分支。与MOBA类游戏情况相似，由于受到热捧，使得该分支游戏成为单独的一个类型。

最早的第一人称射击类游戏的是20世纪90年代由美国的Playnet Inc公司开发的。在这款游戏中，所有可用的英雄都必须以第一人称的视角操作这款游戏，是可以通过互联网来运行的。

世界上第一款采用多边形渲染技术的游戏是《雷神之锤》，这是第一人称射击类游戏的鼻祖，也可以说是原始模型。自1996年由id Software公司发布后，该款游戏获得了巨大的市场成功，共推出了*Quake*（1996）、*Quake* Ⅱ（1997）、*Quake* Ⅲ *Arena*（1999）、*Quake* Ⅳ（2005）等多个版本。

RARE社1997年7月31日推出的3D FPS名作《007黄金眼》在欧美地区引发了长达两年多的流行热潮，仅美国一地的累计销量就突破500万份。《007黄金眼》的创新在于引入了“伤害计算”：根据击中对手身体的部位不同，对手会做出不同的反应，于是“爆头”的玩法成为FPS游戏的标配。可以说，《007黄金眼》是现代FPS游戏的雏形，它奠定了现实类FPS游戏的基本规则和玩法，引领了FPS游戏的现实主义风潮。《007黄金眼》首次在第一人称射击类游戏中融入了潜入元素。在这款游戏中，玩家可以使用消音手枪，在守卫触发警报之前将其除掉，甚至还可以通过射击破坏监控。《007黄金眼》在第一人称射击类游戏中包含潜入元素的想法，开创了行业先河，引发了后续多款同类型游戏的问世。

第三节 卡牌类游戏

桌面类游戏中的一种类型就是卡牌类游戏。目前被大多数人所接受的关于卡牌游戏历史起源的看法是从古代的“叶子戏”游戏演变过来的。

据说是汉代的韩信为了让思乡之情甚切的将士们把心思放到打仗上而发明的，因为当时的卡牌只有叶子般大小，所以被称为“叶子戏”。

这种卡牌类游戏玩法简单易学，并且制造卡牌的成本低廉。到了12世纪时，这种卡牌游戏被远道而来的马可·波罗带到了欧洲。不可思议的是，这种游戏很快就在欧洲大陆传播开来。

卡牌是国内手机游戏市场的主流，在苹果App Store中国区卡牌类游戏中十分畅销，占据很大份额。无论是传统的手游公司，或是客户端游戏大佬，都十分“钟情”于卡牌类的手游。但在热闹的场面背后，另一个问题不可避免地显现出来——卡牌类游戏在核心玩法上的同质化现象非常明显，在题材上少有令人期待的创新。

如2013年，国内卡牌类游戏全部集中在四种题材上，即武侠、魔幻、动漫、三国。其中武侠题材有4款，西方魔幻题材有4款，动漫题材有2.5款（《我叫MT》和《我叫MT国际版》合算为1.5款），三国题材有2款。显而易见，国内卡牌类游戏的题材选择并不多样。

相比之下，在玩法方向上要取得创新突破，看起来难度更大，而且似乎重要程度并不高，日系卡牌游戏在核心玩法上的突破性创新也并不多。

回到题材层面。有观点认为，和MT题材从动漫到手游的迁移一样，DOTA题材具有同样的市场潜力。不过也有分析指出，在卡牌类游戏中加入诸如DOTA的元素，由于游戏背景以及技能和玩法的不同，游戏玩家可能很难接受这样的游戏。

另一个热点题材是美女。从页游《秦美人》开始，就有很多游戏开始用美女吸引眼球。例如在主打这一题材的手游《女王大人》中，武将卡片就采用了人气明星+真人美少女COSPLAY演出的方式完成，融合了故事、战斗、恋爱、养成、转生等游戏模式。但这个方向的探索，也存在质疑之声。此前采用真人扮演的美少女类卡牌游戏在日本已经有多款，例如《AKB48舞台斗士》等。这类游戏早期容易赚取眼球，但往往一段时间之后，男性玩家便很快失去了对其的热情。

也就是说，即便是当下热点题材也都会有观点迥异的看法。那么国内卡牌类游戏，在题材上应该怎样探索和权衡？

比如当初设计《名将无双》这款游戏时，热酷公司发现三国和武侠题材虽然已经被用烂，但还是热度最高的题材，所以仍然准备在三国、武侠题材上着手，并且引入另一个流行的特殊题材元素——穿越。为什么是穿越？这也有数据基础。

2012年的数据表明，穿越的平均热度高于武侠。一旦引入这个元素，便可以在三国的背景下任意加入历朝历代的名将，展现“关公战秦琼”的“奇观”。这有点像日本游戏市场上的《SD高达三国传》，这个游戏就融入了三国和动漫的元素。

美女题材也没有被放弃。热酷公司还在《名将无双》中采用了一些美女卡牌的手法，并使穿越的过程和人物与剧情、历史尽可能地融合。女性玩家对于这种穿越非常感兴趣。

在手机平台上，热酷公司想办法吸引更多的女性用户，这不仅仅是对“半边天”用户的争取。因为在游戏行业有这样的共识：更多的女性玩家，自然能够吸引更多的男性用户。

如此看来，似乎热酷公司在这款产品上的实践——热酷称为“微创新”——就像是对流行元素的打包集合。

保证整个游戏的题材美、剧情搭配合理，才能让玩家沉浸到一款卡牌游戏里，否则就会使目标用户产生反感。

之前卡牌类游戏中很多强力牌的泛滥使得游戏平衡性急速下降，导致玩家游戏体验不佳。把卡牌类型分为两三个层次是游戏厂商使用较为普遍的方法，稀有度最高的称为强力卡，稀有度的不同使得卡牌类游戏得以平衡。

把一部分卡牌做成具有多方面的价值，是游戏厂商的一种推广手段，越是印刷精美的卡牌，越具有更高的收藏价值。

第四节　RTS类游戏

RTS游戏（Real-time Strategy，即时战略）是战略游戏的一种。顾名思义，游戏的过程是即时进行而不是采用回合制。

通常，标准的即时战略游戏包含有资源采集、基地建造、科技发展等元素。在玩家指挥方面，即时战略游戏通常可以独立控制各个单位，而不限于群组式的控制。

一个常见的误解是："只要是即时的战争游戏就算是即时战略游戏"，其实即时战略游戏在真正意义上（或者说狭义上）的认定是比较严格的。即时战略游戏在战略（Strategy）的谋定过程上必须是即时的。所以当一款战争游戏只有战斗时是采用即时制，而在采集、建造、发展等战略元素方面是采用回合制，那就不能算是即时战略。另外，如果该游戏完全没有包含上述的战略元素，那也只能算是即时战术游戏（RTT）。

历史

由于即时战略游戏的形态经过长久的演变与塑造，因此很难确实指出哪些游戏算是即时战略游戏的前身。在英国，即时战略游戏可以追溯至1983年，由John Gibson开发的*Stonkers*，以及1987年发行的*Nether Earth*。这两款游戏都是发布在ZX Spectrum家用电脑上。而在北美，《上古战争艺术》（*The Ancient Art of War*，1984年）被普遍认为是现代即时战略游戏的始祖，当然还包括了它的续作——《上古战争艺术海战篇》（*The Ancient Art of War at Sea*，1987年）。另外，有些资料认为1982年发行的*Utopia*是第一款即时战略游戏（发布在Intellivision 家用机上），不过它采用的其实是限时回合制（又称半回合制）。上述的游戏都难以算是真正的即时战略游戏，因为它们缺乏基地建造和"真正的"资源采集。不过它们倒是拥有最基础的"征服"元素。

1989年，发布在Sega Genesis家用机上的《雷霆战机》（*Herzog Zwei*），以及1990年发布在Amiga和Atari ST上的*Battle Master*，这两款可能是最早拥有所有即时战略必要元素的游戏。而即时战略类型的确立基于1992年，由Westwood Studios制作的《沙丘Ⅱ》（*Dune Ⅱ：The Building of a Dynasty*）。在此之后，即时战略游戏开始蓬勃发展并进入黄金时期。《沙丘Ⅱ》带来的成功影响了暴雪娱乐，其与 Westwood

形成了数年的竞争关系。这种竞争关系始于后者第一款即时战略游戏《魔兽争霸》（1994年），该游戏大体上是《沙丘Ⅱ》的中古世纪仿作。续作《魔兽争霸2》（*Warcraft II*：*Tides of Darkness*，1995年）获得成功。

1997年，造成深远影响的《横扫千军》问世，首先引入3D场景和单位概念，强调宏观操作、大场面大规模调动。《帝国时代》同样于1997年问世，以慢节奏表现文明的时代进步。

1998年，暴雪娱乐推出了《星际争霸》（*StarCraft*）及其资料片《母巢之战》，在市场上获得成功并荣获众多奖项。《星际争霸》的成功，催生了电子竞技领域的相关职业，直到2010年《星际争霸2》推出以后，《星际争霸》仍然是RTS类游戏及全球竞赛中最引人注目的焦点。

2002年7月，暴雪娱乐发行了《魔兽争霸3：混乱之治》，使玩家集中注意力于“控制战斗单位”而非“生产战斗单位”。与《星际争霸》不同，此款游戏要求玩家关注于小规模的战斗而非宏观的调兵遣将。

2006年，遗迹娱乐公司的即时战略游戏《英雄连》横空出世。《英雄连》通过创新游戏中资源的采集方式改变了即时战略游戏的操作方式，创造了一个更具战略性和更加针对小队行动、战争场面更加宏伟的即时战略游戏体验。著名游戏统计网站Metacritic根据各大游戏网站的评价给出了93%的综合评分，为有史以来获得最高评价的即时战略游戏。

2007年9月，育碧软件公司发行冷战题材的即时战略游戏《冲突世界》，该款游戏不提供基地建设和游戏资源收集，玩家在游戏中会有一个预先确定数量的增援点来购买单位。《冲突世界》获得极高的评价和多个奖项。

游戏内容

即时战略游戏开始时都会有基础的资源供玩家开始游戏，组建不限于战斗的单位，按照游戏的规则进行，最后的结局或胜利或失败，游戏结束。有的游戏在游戏结束时将玩家获得的资源、游戏单位的成果，以一种或多种方式展现给玩家，以使其有更好的游戏体验。

混合类型

例如，*Savage: The Battle for Newerth*，2003年发行，单纯网络游戏，加入角色扮演、第一人称射击元素的网络游戏。每一方只有一个指挥官，其他人都是战场上的一个单位。

第一人称射击游戏

第一人称射击游戏与即时战略的结合首见于1997年发行的《旭日东升》（*Uprising*）。玩家在游戏中不仅要操作坦克，还必须建设基地并对部队下达命令。除此之外相似的游戏还有1998年发行的《终极战区》。

角色扮演游戏

《活祭》是第一款真正融合大量角色扮演元素的即时战略游戏。游戏内容除了建设部队、发动战争外，还得让自己的角色（一名巫师）升级、获得更多的能力。

《魔兽争霸3》在传统的即时战略类型中加入了角色扮演式的“英雄”单位，英雄单位可以杀敌赚取经验值，升级可以提升属性并学习新的技能，并且可以使用、佩戴装备，增强自己的能力。

战略和战术的发展

即时战略游戏侧重于战略和战术的运用，如同下棋般布署各种单位并运用不同战术作为攻击手段，各种单位及建筑物的设定亦趋合理化。在即时战略游戏发展成一种表演比赛后（主要是1998年的StarCraft发展成国际性赛事），游戏的进行节奏可变得极快，以缩短进程吸引观众。

即时战略游戏的画面

即时战略游戏从2D走向3D的进程其实并不缓慢，1997年的《横扫千军》就已经是3D画面了，只不过是采用固定的俯瞰视角，所以在观感上和2D画面没有太多的差异。尽管1999年发行的即时战略游戏《战地2100》以及《家园》（*Homeworld*）进行了额外的扩展，3D 地形计算多年也没有后续的发展。这段时间，地面即时战略使不少玩家认为3D化的物件会影响可视范围，利用可调整视角又会影响游戏的操控性与节奏，这个问题在联机对战中尤其突出。

（一）《星际争霸2》

《星际争霸2：自由之翼》（*StarCraft Ⅱ*：*Wings of Liberty*，是暴雪娱乐发行的一款即时战略游戏，是《星际争霸》的续作，2010年7月27日全球同步上市。游戏支持Microsoft Windows和Mac OS X 平台。整个《星际争霸2》由《自由之翼》及其资料片《虫群之心》（*Heart of the Swarm*）与《虚空之遗》（*Legacy of the Void*）组成。

游戏发生在公元26世纪银河系的边缘，分为三个种族：地球人的后裔人类（Terran）、一种进化迅速的生物群体异虫（Zerg），以及高度文明并具有心灵力量的远古种族星灵（Protoss）。《自由之翼》的剧情集中在人类，《虫群之心》与《虚空之遗》则分别侧重于异虫与星灵。游戏中的故事发生在《星际争霸：母巢之战》后的第四年，玩家将跟随着吉姆·雷诺与他的游骑兵一起对抗帝国。

在2017年11月的暴雪嘉年华上，暴雪CEO、联合创始人迈克·莫汉（Mike Morhaime）宣布，《星际争霸2》（限《自由之翼》）转为免费游戏，进一步扩大免费用户可体验到的功能。

- 游戏内容

《星际争霸2》是一款即时战略游戏，通过俯瞰的视角模式观察整个战场并对玩家的军队下达指令，最终目标就是击败战场上的对手。游戏中单人剧情战役主要是以扮演人类的角色展开故事情节，但玩家可以在多人对战模式中选择《星际争霸2》中的三个独特种族：星灵、人类以及异虫。

每个种族都拥有各自独特的单位，这些单位在战场上扮演着自己特定的角色。配合不同的单位组成一支多元化军队，并将被带领走上胜利之路。

在玩家指挥下最基本的单位是工作单位——太空工程车、探测机、工虫。它们将采集用来扩展玩家的基地、发展单位和部队所需的资源，同时它们也可用来建造建筑。更进阶的单位将于玩家的基地满足特定需求后开放，例如建造某个建筑或研发某种技术。在多人对战中，通过歼灭对手所有的建筑或迫使对手先投降来赢得胜利。

- 多人游戏

《星际争霸2》取消了传统的局域网方式，想要对战的话只能登录暴雪官方的BattleNet2.0，也就是说只有正版用户才能享受线上对战服务。想要玩《星际争霸2》，玩家必须先注册一个暴雪战网账号并建立一个《星际争霸2》角色。此角色将记录玩家的所有成就、排名和其他游戏相关资料。战网上有两种基本的多人对战模式：排名赛与非排名赛。

排名赛：排名赛会通过战网自动配对，由系统安排实力相当的对手与玩家对战。当进行这些战斗时，玩家的努力将可为自己争取《星际争霸2》天梯竞赛的排名。赢得对战胜利能够提升玩家的排名，并在天梯排行榜上排名上升，若战败则恰好相反。

排名赛是一种快节奏、有趣和公平的竞争游戏。在战网中排名前200名玩家的ID 将会在这里显示，以便让玩家之间能够保持竞争力，争夺在星际中的“霸主”地位。

战阶即战网排名赛的等级，由高而低依次为：宗师、大师、钻石、白金、黄金、白银、青铜，其中宗师组每个服务器限制200名，而且只有一对一的排名有宗师级，其余多对多的联赛排名各自分开，刚开始的玩家要进行几场“预选赛”来决定战阶。

非排名赛：非排名赛将不会影响玩家的天梯排名，但它提供了更多的游戏选择。玩家可以创建或加入玩家自定义的各种战斗设定、体验自制地图、选择 A.I. 对手以及其他更多选项。非排名赛可以和排名赛一样具有挑战性，但玩家却不用担心战绩会影响他们的排名。

地图编辑器：《星际争霸2》的编辑器能够自定游戏的战役、地图，也可以制作游戏模组。它比《魔兽争霸3》的编辑器更复杂，这是暴雪第一次在编辑器中内置 MOD的编辑功能。

暴雪娱乐宣称，编辑器能够像《魔兽争霸3》那样运行RPG模式创建英雄单位。在

Blizzcon 2009 上，暴雪展示了新编辑器的能力，比如它能够通过改变用户界面将《魔兽争霸3》的物品系统加入游戏中，还能使用第三人称视角进行游戏。暴雪还改变了自定地图的发布方式。以前的地图存储在本地文件夹中，而现在用户只能使用战网上那些发布了的地图。在战网上，地图被限制为5个文件最多共20 MB的大小，每个文件不能超过10 MB。虽然现在的编辑器能自定义更多的游戏内容，但战网的限制却可能减少地图的数量。除非能有一个第三方的地图发布工具。

- 种族

星灵是以宗教为核心的种族，人数不多，使用高科技在宇宙间建立自己的殖民地，曾经被萨尔那加——一个拥有如上帝般造物能力的种族统治，之后星灵驱逐萨尔那加人，并陷入内战（永世之战），最终整合了宗教，创造出了卡拉圣典，并将所有星灵的心灵连接起来。那些不愿臣服于卡拉圣典的星灵遭到流放，被称为黑暗圣堂武士。异虫的主宰，以虫海战术和永无止境的攻击，摧毁星灵的主星艾尔。最后星灵的执行官塔萨达以同归于尽的方式，杀死了主宰。虽然主宰死了，但在艾尔上的异虫还是非常多。被击败的星灵，不得不与被其驱逐千年之久的黑暗圣堂武士合作，以收复他们所失去的母星。

- 人类

未来世界中，人类成立了一个统一的组织——地球联合理事会来管理全人类的事务。地球联合理事会挑选了大量的刑事犯、政治犯以及幽能基因变种者组成地球移民远征军，以冬眠的形式分别搭乘四艘移民舰船前往外太空，寻找适合居住的星球。原本预定一年航程，却在命运的捉弄下持续航行，数年后四艘移民船中的一艘因引擎故障而坠毁，其余三艘分别降落在莫瑞亚、塔桑尼斯以及尤摩扬三颗行星上，并逐步建立了繁荣的殖民地，这些地球人的远房亲戚又被称作“泰伦”。经过数次战争，塔桑尼斯最终取得了各个殖民地的主导权，组建成一个独裁专制政府统治的泰伦联邦。公元2499年之后，阿克图尔斯·蒙斯克领导的克哈之子推翻泰伦联邦建立泰伦帝国，然而后来的事实证明这只是一个比前任更加独裁与腐败的政权。

- 异虫

当异虫第一次抵达科普卢星区时，主宰者是所有异虫的感知中枢，对主宰者的绝对服从构成了异虫一贯的社会格局。主宰者通过一种阶级式的感知传输控制着每一只虫的行为。而这个阶级的顶层则由脑虫组成，每只脑虫授命直接掌管某一大片虫群。脑虫的指令则由宿主轮流负责传达，以此来直接控制和指挥那些铺天盖地的异虫单位。尽管主宰的首要目标是吸收和同化星灵这种高等生物，但它却在人类身上发现了尚未被利用的潜能。在俘虏了拥有强大幽能的人类战士莎拉·凯瑞甘之后，主宰者把她异化成了一个绝无仅有的新生物——刀锋女王。但主宰者在入侵艾尔行星时被星灵摧毁，刀锋女王则威胁黑暗教长泽拉图消灭了残存的脑虫。从那以后，她便开始了对异虫的全面统治。在刀锋女王的带领下，异虫变得接近无敌状态，统治了科普卢星区。

- 故事情节

《星际争霸2》的故事发生在《星际争霸：母巢之战》后的第四年。吉姆·雷诺所领导的革命军一直在为推翻蒙斯克的帝国进行一次次的战斗，然而一个昔日的伙伴——泰凯斯·芬利突然的来访打乱了他的生活。泰凯斯·芬利曾经与吉姆有过合作，不过在一次行动中泰凯斯被帝国逮捕，吉姆·雷诺却趁机逃走了。重逢时泰凯斯告诉吉姆他是因为在“被转移到新福尔松的途中赤手空拳干掉了好几个守卫”才逃了出来，并且提议和吉姆一起去抢夺星灵的神器碎片。因为一个叫莫比斯基金会的研究机构里面有些“书呆子”愿意出大价钱购买，而他一向是“科学的守护神”。吉姆相信昔日的伙伴，二人经过多次战斗，陆续从星灵的守护者塔达林手中夺取了多个神器的碎片。在抢夺神器的过程中，刀锋女王凯瑞甘率领异虫卷土重来，她也在寻找这些神器，不过每次都被机警的吉姆抢先得手。战斗期间，吉姆的星灵好友——圣堂武士泽拉图突然出现并且留下了一块记忆水晶，从水晶的记忆中雷诺看到了泽拉图解读萨尔那加神殿中的预言后所看到的未来景象。按照预言的描述，创造他们的萨尔那加人将会归来消灭他们，一股堕落的黑暗力量制造出一个新的种族——异虫与星灵的混合体。在未来的景象中堕落者消灭了人类，在人类的势力杀死凯瑞甘之后奴役了异虫，在堕落者的影响之下整个银河燃烧殆尽，并且星灵也将作为最后的抵抗力量而全军覆没。最后泽拉图告诉雷诺刀锋女王凯瑞甘不能死亡，因为凯瑞甘或许可以带领异虫战胜被奴役的命运，从而成为解救整个银河系的希望。

随着最后一块神器碎片即将到手，雷诺发现泰凯斯背后的买家——莫比斯基金会的实际拥有者是蒙斯克的儿子瓦伦里安，瓦伦里安为了证明自己是个合格的继承人策划了一个周密的计划：如果所有神器碎片重新组装成神器的话，将拥有对异虫的毁灭性力量，而这种力量可以将凯瑞甘重新恢复成人类，瓦伦里安想以此打败刀锋女王。尽管遭到战友的反对，雷诺还是说服了他们，选择了继续与瓦伦里安合作，最终运用神器的力量击溃了异虫的进攻。当雷诺找到奄奄一息的凯瑞甘时，泰凯斯终于显露出他那不为人知的另一面——他找雷诺的真正原因是因为“和魔鬼做了一笔交易”，杀死凯瑞甘，他就可以获得“自由”了。

雷诺最终阻止了泰凯斯行凶并将其击毙，从而成功解救了刀锋女王，《星际争霸2》三部曲之第一部《自由之翼》由此结束。

- 故事花絮

雷诺的旗舰是“海伯利昂”号，舰长马特·霍纳是与雷诺并肩作战的战友。马特曾经去过一个海盗聚集的地方——亡者之港，他在那里曾经赢过佣兵一场牌局。然而令他始料未及的是胜利者获得的赌注居然是一个新娘，这个新娘就是游戏中出现的角色——米拉·韩。“海伯利昂号”是整个游戏中火力最猛、服役最久的英雄级战略巡洋舰，然而在剧情中只是在过场动画时做了一次表演，玩家如果要想实际操控只能对地图或模组进行少量修改来实现。

泰伦金刚是整个游戏中个头最大的单位，在游戏内置小游戏《失落的维京》中作为Boss出现，身体由多个人类的建筑组装而成，不过玩家对地图或模组稍作修改就可以进行实际的操控。

幽魂托什与人类科学家女博士汉森也有参与支线情节，根据玩家的选择二者拥有截然不同的结局：

汉森：如果玩家最终选择拯救海文星，则汉森最终找到一个可以容身的殖民星球并且爱上吉姆·雷诺；反之，汉森则因研究解药失败被感染，变异为异虫，被吉姆·雷诺击毙于海伯利昂号的实验室。

托什：如果玩家最终选择与诺娃合作，则玩家需要帮助诺娃摧毁托什的老巢，失败的托什利用巫术诅咒泰凯斯但被诺娃刺杀，诺娃在任务结束后帮助玩家训练新单位幽灵；反之，如果玩家与托什合作，则吉姆·雷诺攻破新福尔松监狱释放了托什的手下，并因此获得托什的帮助可以训练幽魂，此时如果汉森博士的情节尚未结束，与她交谈就可以得知诺娃之前试图欺骗吉姆·雷诺。

故事中人物的心理更加复杂。雷诺曾一度怀疑托什是否会背叛自己，为解救刀锋女王，雷诺与帝国的个别将领和瓦伦里安·蒙斯克王子合作，但帝国一直是雷诺欲推翻的目标。虽然泰凯斯曾为雷诺的好友，但雷诺感到与泰凯斯已无共同语言，因此只对自己更加信任的舰长霍纳吐露心声。电视频道UNN被游戏设计者设计成一个以滑稽方式进行新闻封锁的帝国喉舌媒体，许多情节都极具讽刺意味。最后，UNN的男主持人沃米利安在雷诺的反抗军攻入查尔地表后发疯，并且自己入住了克哈星上的精神病院，其主播职位由比较有正义感的记者凯特·洛克韦尔取代。

- 评价

与原作类似，《星际争霸2》在游戏内容方面广受赞誉，特别是其新特性和游戏叙事模式。但是批评的观点认为《星际争霸2》去除了原作中一些相当优秀的内容，比如缺乏局域网对战以及限制玩家游戏区域等等。并且《星际争霸2》60美元的高昂售价，以及对于硬件配置的高要求，也引起了许多玩家的不满。此外，暴雪为了保持平衡性，持续减少单位功能，导致调整后的某种族过于强势或弱势，使游戏品质下降，这在各大玩家群体都引起了论战。

《星际争霸2》的单人战役内容非常丰富而有趣，玩家可以使用资金购买各兵种的升级项目，甚至购买比普通单位更强的“佣兵”，在任务中可以获得星灵和异虫的研发点数，能在实验室中开发出新的科技能力，能够自由选择战役进行的顺序，比如优先攻打哪个星球等，都使得本战役的可玩性非常高并广受赞誉。

2010年8月3日，暴雪宣布《星际争霸2》发布的第一天就售出了100万份，随后两天陆续又售出了50万份。由此，它成为世界上销售最快的策略类游戏。在第一个月的销售中，《星际争霸2》在全球共售出300万份拷贝。

- 开发

游戏的开发在2003年《魔兽争霸3：冰封王座》发布后就开始了。2007年5月19日在韩国首尔开幕的暴雪全球邀请会（Blizzard Worldwide Invitational 2007）上，暴雪娱乐总裁在会上介绍该公司的新作品《星际争霸2》。《星际争霸2》在随后的表演赛中被首次公开展示。2009年4月底，《星际争霸2》就已经展开内部封闭测试。2010年2月18日，暴雪开始了《星际争霸2》的Beta 测试。东亚地区在7月27日全球同步上市后还有一个公开测试环节，玩家可以在一段时间内免费试玩全部《星际争霸2》内容。

《星际争霸2》的设计负责人是达斯丁·布劳德（Dustin Browder），他是资深的即时战略游戏设计师，2005年3月加入暴雪。他曾是《指环王：中土战争》的设计负责人，早前参与过《红色警戒2》。

《星际争霸2：自由之翼》使用DirectX 9与像素着色引擎2.0（Pixel Shader 2.0），与DirectX 10完全兼容，但是最终不使用DirectX 10特效。Mac OS X的程序将使用OpenGL 规格。游戏将利用Havok的物理引擎来让“物体的碎片滑下斜坡”，可以增进三维绘图效率，还在游戏中增加了VoIP语音电话。

《星际争霸2：自由之翼》在2010年9月23日的1.1.0更新后，游戏平衡性有了新的调整，进入了3D游戏时代，并新增支持NVIDIA 3D Vision技术。与原作《星际争霸》相比，新的游戏更注重多人游戏的开发。暴雪在战网上做了很多关键性的改进，它改变了玩家的排名机制（“天梯”系统），开发出一套更容易找到相同水平玩家进行对战的搜寻系统，游戏的录像系统也得到改进。

《星际争霸2》游戏中的一部分过场动画是用游戏中的引擎进行渲染的。暴雪宣称使用新的引擎能使游戏中的过场动画达到“接近电影般的效果”。《星际争霸2》有更为丰富而真实的音效设定。

- 电子竞技

从一开始发行，《星际争霸2》就快速成为电子竞技的主要比赛项目之一，包括韩国GSL、OSL、SPL、WCG、欧美 MLG、IPL、梦幻联赛，中国台湾地区TESL、ASL，中国大陆NSL，以及暴雪娱乐自己举办的BWC、Blizzcon等众多赛事都使用了《星际争霸2》作为比赛项目，也因此带动了全球即时战略游戏与电子竞技的发展。

- 专业比赛

《星际争霸：母巢之战》被称为世界上最成功的电子竞技项目，包含有自己的排名系统，它被称为韩国的全国性娱乐，韩国有两个专门用于转播专业星际争霸比赛的电视频道。自推出以来，《星际争霸2》奖金已高达17万美元。

第一场大型的《星际争霸2》锦标赛是在测试阶段进行的。目前最大的职业赛事是在韩国举行的月度锦标赛GSL（全球攻势mTV Star League）。锦标赛享有主要的企业赞助和超过10万美元的奖金。2011年2月21日，新的北美星际争霸联盟宣布，计划在三个赛季初提供400万美元的奖金。北美星际联赛的第一个赛季从2011年4月12日开始，50名选手分成5个部门进行比赛。截至2011年7月10日止，总奖金池为10万美元。2012年5月2日，OnGameNet 频道和KeSpa（韩国电子竞技运动员协会）宣布正式转换《星际争霸》从《Brood战争》到《星际争霸2：自由之翼》。

2012年初，暴雪娱乐公布了2012年《星际争霸2》世界锦标赛系列赛，共有30多场线下赛事。世界扑克锦标赛在中国上海举办，世锦赛决赛以数千美元的奖金为特色。

Battle.net 世界锦标赛（又名《反恐精英》全球总决赛）冠军是来自StarTale的韩国选手 Won Lee-Sak（PartinG），赢得了奖杯和10万美元。

还有其他的《星际争霸2》锦标赛可能不支持反恐精英的名称，但是允许玩家获得反恐精英积分。专业《星际争霸2》在2012年开始势头下降，部分原因是《英雄联盟》等游戏的竞争。

韩国的两个主要游戏频道OnGameNet和MBC Game 分别开办了一个Star League（On Game Net Star League，MBC Game Star League），有数百万粉丝在观看。

《星际争霸》也是韩国粉丝群年度“世界电子竞技大赛”中最受欢迎的电脑游戏大赛，是全球规模最大，奖金全球覆盖率和参赛者数量最多的电子游戏大赛之一。总奖金超过400万美元，其中绝大部分来自韩国的比赛。

在整个《星际争霸2》职业赛场的创建过程中，GSL和反恐精英成为顶级个人赛的主要渠道，反恐精英积分取代了ELO 积分来确定年度排名。Pro League 仅限于基于团队的模式，由韩国的8个KeSpa 团队组成。截至2015年，世界锦标赛系列（《反恐精英》）是《星际争霸2 1V1》的主场景。排名前16位的选手有资格参加Blizzcon的年终赛，获得第一名的就是冠军。

过渡到《星际争霸2：自由之翼》。尽管《星际争霸2：自由之翼》发布，KeSpa、OGN和MBC Game决定坚持用《母巢之战》进行比赛。KeSpa和OGN 最终与 Blizzard和全球攻势mTV 就 《星际争霸2》的转播权进行了谈判。经过讨论和谈判之后，宣布 SK Planet Pro League赛季是《Brood战争》和《星际争霸2》的混合比赛。

《Brood战争》专业比赛最终被淘汰，尽管粉丝对比赛的兴趣仍在持续。《母巢之战》比赛现金奖金继续运作。专业星际争霸赛取消两年后，2014年OGN 恢复了星际争霸赛并持续了两个赛季。

- 出众的职业选手

※ Boxer（拳击手）

Boxer被称为“人族的皇帝”，有时甚至就是“皇帝”。他所创造的纪录使他成为了一个广受欢迎的星际争霸选手。他也是最成功的一个，因为他是第一个两次获得世界电子竞技大赛（WCG）的星际争霸选手，也是连续两次赢得OSL冠军的三名选手中的第一人，连续17个月保持KeSPA排名第一的纪录。

※ 李允烈（NaDa）

“天才人族”（又名“龙卷风人族”）。在《业余VS专业》电视节目中击败了ChRh（崔仁奎），开始了他的职业生涯。据统计，他是历史上最好的选手，赢得了最多次的明星锦标赛。

在2006年底 OSL 复出之后，NaDa 成为第一个OSL 三连冠的选手，赢得了“金老鼠”。NaDa在2008 MSL和OSL中都拿到了最后的16分，但是最终是Hwasin和Jangbi捧得奖杯。截至2008年12月，他在KeSPA排名第18位。截至2009年6月，NaDa在KeSPA排名系统中已经降至31位，这是自2002年3月以来首次未进入前30名。

在2010年10月合同结束之后，他便从《星际争霸：母巢之战》中退出，开始在《星际争霸2：自由之翼》中的职业生涯。NaDa加入了《星际争霸2》复杂游戏团队，但由于经济状况以及各种家庭问题，于2012年6月宣布退役。

※ 崔延松（iloveoov）

继Boxer和NaDa之后，成功的人族选手。因为他有能力在短时间内组建大型军队，所以被戏称为“Cheater Terran”。他连续三次赢得了MBC Game Star League（MSL）冠军，这是一个惊人的成绩，并于2004年11月赢得了OSL冠军，巩固了他在这个游戏中最强大的选手之一的地位。他在2006年3月赢得了他的第二个OSL冠军，在第一届新韩银行锦标赛中击败了JulyGerg。iloveoov 已经退休。2008年11月，他宣布回到战队，担任SKT的打球教练。

※ 李英镐（Flash）

Flash被昵称为“小怪兽”，在著名的StarLeague游戏中击败了Bisu。他曾被“星际争霸”粉丝严厉批评为“便宜”玩家，但他通过主宰《星际争霸》游戏场景而化解了所有指责。他通过带领他的战队KTF（现在的KT Rolster）赢得2010年的Pro League的胜利成为了冠军，Falsh参加了Jaedong最激烈和最著名的对抗。Flash拥有最长的TVT 连胜纪录，最长的TvP连胜纪录，是最年轻的Star League 冠军，最年轻的全球攻势Lden Mouse 冠军，历史上最高的KeSPA排名，以及保持时间最长的ELO、TVP、TVZ和TVT等多项世界纪录。他连续3次进入双星赛，一年内获得4金。他还在2010年世界电子竞技大赛中击败了Kal（全球攻势ojila），最终成为世界冠军。他在2017年赢得了第二赛季的ASL，以3-1的战绩战胜了海洋。

※ 洪金浩（Yellow）

被称为“风暴虫族”的Yellow，因其侵略性的行事风格以及与Boxer的竞争而闻名。他虽然表现出色，但未在主要的星际争霸赛中获得过冠军。他曾在2003年的ITV 5th Star League、2005年的Snickers全明星联赛以及第一届Blizzcon 邀请赛中名列第一。

他从2008年11月起加入“星际争霸”空军队ACE。2009年6月20日在新韩银行Pro League 08-09，对Bisu（盾牌）赢得一场老式的“风暴般”的胜利。在2009-2010赛季新韩银行Pro League结束时，他取得了三连胜，包括对Jaedong的戏剧性的胜利。

Yellow于2011年6月16日正式宣布退出职业比赛。在退休仪式上，Boxer开玩笑地递给他一个空的“星际争霸2”包装盒。Boxer说这个盒子是空的，但是这是在Slayers氏族的房子里，如果他考虑过渡到《星际争霸2》，他知道该去哪里。

2011年8月，洪金浩出现在全球攻势MTV的“A项目”现实系列中。这个系列赛是他参加全球攻势TV全球星际争霸2联赛的资格赛，并在《星际争霸2》重新开始他的职业生涯。

※ 马在容（sAviOr，以前称为IPXZerg）

已经赢得了三个MSL和一个OSL，并在他占据“统治”地位时期连续五次进入MSL总决赛。他被称为“Maestro”，由于他的不可思议的发挥、选择和游戏感，被看作是史上最成功和最可怕的虫族选手，击败了Boxer、iloveoov、NaDa、Midas、Nal_rA等众多顶级选手。sAviOr在2007年9～11月的全球攻势mTV MSL中打入半决赛，但被Terran选手Mind淘汰出局。

sAviOr在2010年2月的KeSpa排名中排在第53位。2010年4月13日，sAviOr涉及一桩韩国职业玩家非法投注网站和故意输掉比赛的作弊丑闻。随着调查的深入，sAviOr于5月20日承认自己有罪，被迫退出KeSPA。

※ 李在东（Jaedong）

被誉为“毁灭之王”和“暴君”的王牌选手。他是ZVT和ZVZ最好的选手之一，也被认为是最好的虫族选手。

在获得OSL的胜利后，Jaedong在ZVP的统计上成为第二强的对手（71.25%）。2008年3月，Jaedong 赢得了MSL第四赛季的胜利，进一步证明自己是现场最强大的虫族选手。Jaedong以12连胜创下最高 ZVZ 连胜纪录，只输给了Pro League的Oversky。他在2009年的BatooOSL中赢得了他的第二个OSL冠军。在2009年夏季星际争霸赛季，他是唯一一个进入Star League四分之一决赛的选手。2009年8月22日，他又一次证明了自己是现场最好的星际争霸者之一——赢得了巴克斯 OSL（他的第三个OSL 冠军），从而赢得了金老鼠。Jaedong在2010年2月KeSPA排名中名列第一。Jaedong也是星际争霸之外的一个非常受欢迎的人，曾经为韩国的多家公司做过广告，并连续两年参加世界电子竞技大赛（2008～2009）等多项国际比赛，并且获得2009年的WCG冠军。

2012年，Jaedong以一年的合同加入了北美组织Evil Geniuses，征战第一轮《星际争霸2》Pro League赛季。

※ 朴成俊（JulyZerg）

JulyZerg（或称“七月”）——“战争之神”，被认为是振兴虫族僵尸的活跃力量。他是第一个赢得OSL的虫族选手，同时也赢得了第二次KT-KTF的首次联赛。在2005年7月，他赢得了第二个OSL，到目前为止，只有其他四名选手取得过这样的成功，这也是

JulyZerg在经过长时间的低迷后再次成功赢得了2008年的OSL。

※ 朴正石（Reach）

朴正石以标准、坚实、安全的打法而闻名，KTF队伍的队长。Reach在Pro League上取得了令人印象深刻的胜利。从母巢大战职业选手退休以后，他成为了纳津公司的英雄联盟队教练。

※ 康敏（Nal_rA）

因高度创造性和大胆的游戏而闻名，他经常在地图的其他部分隐藏自己的建筑，开创并标准化了几个值得注意的Protoss战略，比如快速扩展和使用海盗及使海盗与 Zerg 相结合。他在同一个赛季赢得了OSL和MSL，并且在KTF的比赛中表现出色。他在2006年初赢得了暴雪的全球邀请赛冠军。他从严重的低迷中恢复过来，并获得新韩银行OSL的资格，击败王国进入品客 MSL 总决赛，但以1-3输给了sAviOr。他也进入了后来的半决赛，只是再次输给了sAviOr。Nal_rA现已退役。

※ 金泽勇（Bisu）

Bisu意思是“刺客的匕首”。Bisu在2007年3月的全球攻势MSL决赛中以3-0出人意料地击败了sAviOr。Bisu也因其强大的PVZ而被称为“革命家”，并改变了Protoss玩家对决的方式。他还以3-2击败了Stork，赢得了2007年7月的全球攻势MSL 2。Bisu是KeSPA历史上第一个达到第一位的神族玩家。但Bisu还是在9月份的全球攻势MSL 3决赛中输给了Mind，在OSL的半决赛中被Stork淘汰。Bisu在全球攻势MSL 4的小组赛中被淘汰。不过，他进入了巴克斯 OSL的半决赛，但最终被Flash淘汰。Bisu通过击败ClubDay，重新获得世界赛出线权，最终赢得了他的第三个MSL冠军，是第一个也是唯一一个实现这个“壮举”的Protoss。他在2009年8月KeSpa排名中名列第二，被认为是历史上最好的神族。他的SKT1队也赢得了他们的第二个总决赛冠军。

※ 宋炳具

绰号“无瑕的最高指挥官”，是高级的职业玩家之一。他的首次亮相是在2004年。当他获得CYON 2004年挑战赛冠军的时候，他的注意力就已经集中在了2005年，最终获得了2005年全明星赛的第四名。在受挫之后，他没有放弃，连续进入OSL的十六强。他创造了众多纪录——4人 Star League中最激进的球员，16人的最多参与者，对人族最长连续的胜利，第一次逆向全杀（在一场比赛中获得4胜利），他还是三星KHAN的队长和ACE。

※ 其他

Guillaume Patry（又名Grrrr）是法裔加拿大前职业选手，赢得职业生涯第一次 Star League，是唯一的非韩国 Star League的获胜者。

金东秀（又名Garimto）在服兵役之前两次赢得OnGameNet Star League。

（二）《魔兽争霸3：混乱之王》

《魔兽争霸3：混乱之王》是暴雪娱乐开发的一款高度幻想即时策略游戏，于2002年7

月发布，是《兽人与兽人》的第二套续作。扩展包《冰封王座》发布于2003年7月。

《魔兽争霸3》包含四个可玩的种族：人类和兽人，二者之前曾出现在《兽人与兽人》和《魔兽争霸2：黑暗之潮》中，还有两个新的种族：暗夜精灵和不死族。《魔兽争霸3》的单人战役与《星际争霸》相似，游戏的所有四场比赛都采用渐进的方式。多人模式允许通过互联网与其他玩家对战，而不是像单人自定义游戏模式那样。在饱尝多年的囚禁苦难后，艾泽拉斯的兽人残部被一名曾经身为奴隶的兽人所解放，他的名字叫萨尔。这位年轻的萨满祭司率领重整旗鼓的部落逃往卡林多大陆，以躲避企图毁灭整个艾泽拉斯的恶魔军队——燃烧军团的入侵。为削弱防御力量，燃烧军团释出恐怖的新武力——不死族的天灾军团。罗德隆的阿尔萨斯·米奈希尔王子为保卫家园与这些可怕的敌人展开殊死之战，但他终究没能战胜恐惧和绝望，反被召入天灾军团的神秘领袖——巫妖王的麾下。在卡林多，萨尔所领导的部落将新仇旧恨暂时搁置一旁，与其他种族组成联军，无数次击退由恶魔领主阿克蒙德统帅的燃烧军团所发动的攻势。这支由人类、暗夜精灵和兽人所组成的联军，在付出极其高昂代价的情况下，最终击退敌人，捍卫住了神圣的海加尔山。

- 游戏特性

《魔兽争霸3》发行合计450万套，而其中100万套更是在首月售出。玩家可以选择在《魔兽争霸3》中操控四个种族，其中两个在前作《魔兽争霸2》已曾经出现，分别是人类（Human）和兽人（Orc），另外两个则是《魔兽争霸3》新增的种族暗夜精灵（Night Elf）和不死族（Undead）。娜迦（Naga）在制作时曾经设想作为第五个可操控的种族，但在游戏测试时删去。官方的解释是加上娜迦族之后很难保证游戏的平衡性，仅让它出现在战役模式和中立生物当中。

《魔兽争霸3》包含了大多数即时战略游戏必备的要素：资源采集、基地建立和战斗指挥。游戏的操作方式亦类似《星际争霸》，继承了星际争霸易于操作的优点，并简化了《星际争霸》中一些繁琐的操作。例如玩家可设定电脑以“自动施放”操作部分常用魔法，从而省去手动操作的过程。

此外，亦可从四个种族的设定看到《星际争霸》的影子，譬如暗夜精灵像《星际争霸》人族般可以移动自己的基地，而不死族与神族皆能制作一种专门用于侦察的隐形单位，并且造建筑物时农民可离开建筑物（犹如“召唤”建筑一样而非“建造”建筑）。

- 角色扮演因素

正如游戏开发者当初所设想，《魔兽争霸3》使玩家集中注意力于“控制战斗单位”而非“生产战斗单位”。故与《星际争霸》相异，此款游戏要求玩家关注于小规模的战斗而非宏观的调兵遣将。这使每一场战斗更像一个角色扮演游戏，而与之类似的就有《暗黑破坏神》。事实上，游戏公司最初曾考虑设计成一款战略角色扮演游戏，但随着数名高级设计师的离职，游戏转型为即时战略游戏。

该游戏中加入了一种全新战斗单位，即英雄，是一种可通过获取经验值升级并增强能力的超级战斗单位。其可分为本族英雄和中立英雄。每当己方消灭一个敌方单位或中立生物时，英雄便可获取相当的经验值，而累积到一定程度时其等级就会提升。每当等级上升时，英雄便可通过添加技能点学习或加强一项技能，不同英雄可学习技能也有所不同。例如：人类大魔法师可召唤水元素、增加周围魔法作战单位的魔法值回复速率、以暴风雪攻敌及传送己方战斗单位至他地。除此以外，它还可以携带从商店购得或战胜中立生物后获取的物品，而此类物品可提高英雄或整体的作战能力，如加速卷轴及生命药水；也可用以传送整个军团或某个战斗单位，如回城卷轴及避难权杖。游戏过程中，一方最多可以有三个英雄出现。倘若有英雄于战斗中阵亡，则可在祭坛中复活。

中立生物可视为游戏中创新之处。即便多人游戏中，也有完全由电脑控制的中立生物，用以守卫地图中关键的位置及中立的建筑物。它也成为选手间争夺的资源，击杀中立生物后便可获得相当的经验值、金钱及物品。使这个类似于角色扮演游戏的玩家更具“攻击性”而不会过于防卫，从而提高游戏的娱乐性及观赏性。

另一影响游戏策略的措施就是维护费征取，此措施源于一种概念——拥有越多战斗单位就要使用越多的资源去满足部队的需要，如士兵需要补给、盔甲需要打磨等。该游戏体现了此概念——当玩家部队的数目到达一定数量时，就须每采集十块黄金上缴其中三块；当部队数量更多时，每十块就须上缴六块。

因此传统即时战略游戏中生产大量战斗单位的“暴兵”策略不再流行，因为这会增加玩家的维护费及赠予对手更多的经验值。此游戏中最重要是避免己方英雄及士兵遭到杀害，且尽力攻杀对方英雄及士兵。

- 战役

《混乱之王》的战役不像二代那样分两种路线，而是一条连贯性的时间线。必须按照人类→不死族→兽族→暗夜精灵这样的顺序才会看到结局。但是整个故事的开端是从教学战役《兽族大逃亡》开始的。

- 可扩展性

由于暴雪娱乐在推出《魔兽争霸3》的同时推出了功能强大的地图编辑器，使玩家可以自定义魔兽地图及单位，催生了DOTA、3C 这样源于《魔兽》却脱离《魔兽》独自成为电子竞技项目的地图，以及一些 RPG 娱乐地图。甚至暴雪官方也推出过魔兽版的贪食蛇和赛车游戏。

第四章

电子竞技战术策略

第一节　战术的形成发展与演变

战术，顾名思义就是指导和进行战斗的方法，它具有两个特征：变化和反应。

战略是针对宏观问题而制定的，是指导如何运用战术的。战术的制定必须针对具体情况，每种竞技比赛都必须有战术才能获得胜利，下面简述一下英雄联盟项目的战术发展与演变的过程。

LOL中最基本的游戏地图——召唤师峡谷，主要分为上、中、下路和野区四个部分。上、中、下路有兵线源源不断为英雄补充经验与经济，而在野区也有会持续刷新的提供BUFF（特殊加成）的野怪供双方争夺。

在最初的游戏模式中，游戏双方通过对线、刷野等手段和平发育，待到装备成型，双方对线英雄便通过一场“皇城PK”一较高下，胜者便可凭着击杀敌方英雄取得的经济和经验优势不断向对方施压，抢占敌方资源，不断扩充自身优势，步步为营，取得胜利。

这就如同在春秋时是“战之以礼”，就是按照周朝的礼节，双方排好车阵（那时的主力部队以战车为主装备），并在约定的时间擂鼓进军，大杀一场，分出胜负。

随着野区资源的不断丰富，打野在整个团队中占据着越来越重要的地位，游戏的胜负越来越取决于打野带节奏的能力，打野在各条线上的GANK（游走支援）能够打破双方原有的对线均势，尤其是极具攻击性的刺客型打野，一波GANK便可轻易秒杀对方脆皮英雄。无论是在线上，还是在野区，任何人都不敢在不知晓敌方去向的情况下轻举妄动，极有可能，你越过河道中线一步，草丛中的敌方打野就跳到了你的身前。

这就好像到了战国时期，大家都意识到“礼”其实是两军交战时最大的忌讳。战场上的严阵以待不如伺机埋伏，并且此时主力军队已经从车兵变为了骑兵。骑兵的快速突击能力能够冲乱敌方阵型，并在一定区域内形成优势兵力，骑兵渐渐成为左右战场局势的重要力量。

打野过于强势必然会引发出相应的应对手段，于是，多人的抱团推进便成为有效的防GANK手段。由于人数占优，使得敌方英雄只能正面应战，无法侧翼突袭。与此同时，POKE（远程攻击消耗）型英雄的作用愈发显现，此类英雄可凭借自身射程优势在远距离对敌方造成伤害，在敌方未近身之时就可将其消灭。

骑兵长期以来都是战斗力最强的作战力量，但是中原王朝由于条件限制以及各种原因却是一直以步兵为主力。为了应对北方少数民族的骑兵冲击，各种步兵队形战术被发明出来，基本就是靠数量和队形围死骑兵。同时，中原王朝的弓弩也是一大优势，训练有素的弓弩部队通常是敌方骑兵的噩梦。

为了应对抱团打法，具有AOE（范围伤害）和群体控制技能的英雄成为了新的选择。范围性、群体性的技能能够在一定程度上限制敌方的走位和阵型，以方便寻觅战机，顺势先开团，占得先机。

这些技能对游戏的影响同热兵器对于战争方式的改变如出一辙。火药问世，随后热兵器出现，但是由于科技水平限制，弓弩骑兵仍是战力核心。元朝灭亡之际，明军就已经发现火器是对付敌军的不二法宝。明末，辽东防线能坚守那么久，一靠坚城，二靠火炮。

S1时期，北美各大战队由于起步早的原因，涌现了一批日后被封神的玩家，例如热射的豹女、WESTRICE的阿卡丽、雨人的提莫、猩猩的酒桶和火男。这些玩家引领了当时的潮流，正是他们的存在，使得北美两大豪门TSM和CLG全球称霸。

但是当时各战队的体系基本就是常规对线，补刀打经济，最后靠团战配合来决定胜负，这在现在看来沉闷无聊的打法却是当时的主流。由于个人实力和配合默契上的差距，欧洲和韩国的战队与北美战队差距很大，中国的几支战队也是实力不够强。

在S1时期，可以说没有什么先进的战术体系，大家拼的就是个人实力。直到S2，一支战队的横空出世，才打破了这一面局。

第二节　经典战术介绍

潮流先锋M5——来自俄罗斯的传奇战队。

关于这支战队不多作介绍，在此只回顾一下这支战队创造的经典战术。

上野压迫战术

这个战术的核心思想就是压制对方打野发育，最后将其打爆，使对方打野毫无作为。

实现这个战术，需要一个清线快的上单英雄，快速推兵线，然后配合打野入侵对方野区，使对方打野资源枯竭且发育不良，难以对线上队友进行支援，打野崩盘，三路抗压，最后造成经济上的优势，更易于赢得团战胜利。依靠这个战术，M5一鸣惊人，M5的打野呆萌也凭借良好的表现被封为当时世界上的第一打野。

经典英雄配合：龙女加寡妇、龙女加盲僧。

战术核心英雄：上单龙女。优势：机动性高，抗性强，清兵快，生存能力IMBA。

双游走战术

核心思路是辅助放弃ADC，配合打野双游走杀人，力争在线上打崩对方。实现这个战术，最重要的是要有一个能力强的ADC，由于辅助放弃了他，需要他有线上1对2不崩盘的实力，然后一个带强力控制的辅助配合打野到处游走杀伤，使得对方防不胜防，多次的死伤过后必然带来经济上的劣势以及对线的崩盘，这样一来不用等到团战就已经输掉了比赛。

这个战术有个变形，就是辅助带惩戒的双打野战术，前期就可以配合队友控制小龙，硬抢对方BUFF，可造成同样的后果。

经典英雄配合：牛头或者宝石辅助、螃蟹ADC。

核心英雄：螃蟹厄加特。

螃蟹拥有较远的射程，很高的抗性，非常适合塔下1对2抗压，同时由于M5的AD是世界最知名的抗压AD钢甲，配合强势的英雄，是M5这个战术成功的最大原因。

菜刀队

核心思路：刺客型中单，配合打野和自身高爆发在中路建立优势，最后依靠发育成型的中单打爆对面。

在这里就要提一下Alex了，也许他不是技术最好的，但他一定是套路最深的，对游戏最理解的人，巅峰时期的Alex只要有AP加成的英雄都能拿来打中单。例如风女，例如寡妇，可以说Alex的风格改变了LOL的格局，使得比赛中AP对线不再是无聊的对刷。也许他不是第一个使用中单刺客的AP，但他一定是玩得最好的一个，招牌英雄螳螂寡妇令世界闻风丧胆，4杀5杀场面犹如过江之鲫。

核心英雄：高爆发刺客中单、螳螂或者劫。当时的螳螂技能输出高，AOE强，还能空中放风筝，无论是发育、游走、生存能力都很强，而E技能的存在使得一个超神的螳螂在团战中成为一个无敌的魔王。

CARRY位半肉流

核心思路：AD、AP出半肉装备，团战有肉又有输出，上单打野突击后排打散阵型，最后轻松收割。

实现战术的核心英雄只有两个：中单瑞兹、AD螃蟹。这是一个依靠版本的战术，当时光头和螃蟹由于自身的特殊性不需要出纯输出装就能拥有很高的输出，这个战术的精髓就是拖，拖到后期装备成型，原本脆弱的APAD位也变成了坦克，就看你对面怎么打。一个双时光加大天使加冰心加狂徒的光头会让你知道雷电法王的厉害。

同时因为前期瑞兹手短伤害低，需要打野全力保发育，一旦撑过了疲软期，马上翻身当“爸爸”。

层出不穷的套路让M5成为S2赛季当之无愧的线上赛霸主，但是由于各种莫名的原因总是在线下赛失利，这也造就了“无冕之王”这一称号。在S2赛季最后的总决赛上，M5是夺冠的最大热门，就在几乎所有人都认为M5即将成为真正的霸主时，一支来自小联赛的新兴战队终结了他们。

弱势联赛的黑马TPA，创造了一个难以复制的神话。在S2前期被各国豪门吊打了半年多的时间后，TPA神奇崛起，打败了世界最强的M5，最后力克韩国人夺冠。正是由于他们出身的GPL联赛羸弱的水平，使得这个故事看起来更像一个传奇。

他们所依靠的战术，就是经典的41分推。

41分推

41分推的意思就是利用一个能够快速支援的中单或者上单进行边路的带线推塔，其他四人要小规模抱团拉扯，给敌方造成牵制，最后利用带线英雄的支援技能造成以多打少局势，或者利用四人抱团牵扯，让带单英雄拿到建筑物的资源。

这个战术需要一个水平高超的上单玩家，不仅需要对线能力强，对比赛节奏的阅读能力也要很出众，对局势的把握要好，幸运的是，TPA的上单史丹利就是这样一个符合条件的选手。他超强的对线技术，完美的支援时机，在对M5的关键比赛中打得M5疲于奔命，打不出自身的优势，最后TPA奇迹般地淘汰了M5。

核心英雄：慎、豹女。慎有良好的推线能力，大招BUG级的支援速度，是这个战术最完美的选择，而豹女虽然支援能力不强，但是POKE推线逃生、单挑都很强，也是这个战术的合适选择。

TPA的夺冠，功劳最大的就是Stanly和完美掌控了节奏的指挥MISTAKE，也正是由于这两人的离开，风光无限的TPA迅速陨落了。

本书所提到的战队并不一定是战术的创造者，但都是实行战术的最好代表。

不以成败论英雄，S2冠军虽然是TPA的，但是当时还有一些流行的战术不能被遗忘。

那时候宇宙队还是WE，若风还是世界第一卡牌，高学成还没有裸装寒冰，明凯还没有开养猪厂，卷毛还没有卖ADC的习惯，那时候，魏汉东还是抗压王。

宇宙队虽然被国人吹上了天，但单从某个战术来说，他们确实是某个时期的最强战队。

全球流

核心思想：卡牌大师配合打野，NOC依靠6级超远距离大招迅速支援以多打少，劣势路打出优势，优势路打爆对面。

正是巅峰掌门的存在，使得WE成为当时世界上全球流用得最好的战队，世界第一卡牌也不是浪得虚名，崔斯特6级大招IMBA的距离，使得上下两路对手提心吊胆，打野梦魇到6以后的强抓，经常造成瞬间4打2的局面，宇宙队依靠这一战术达到巅峰，若不群当时卡牌胜率高达100%，逼迫对手场场BAN卡牌。后来若不群心态的崩坏以及卡牌大招的削弱，宇宙队走下神坛，若风也成为了掌门，落地金身也成为了回忆。

核心英雄：卡牌、梦魇。

隐飞流

这个战术是全球流的变形战术，在卡牌大招距离削减的情况下，依靠慎的大招和寡妇的隐身造成和全球流一样的效果。

核心英雄：慎、梦魇或者寡妇、老鼠。

这个战术的精髓就是慎的大招配合一个隐身的英雄突然出现在一个意想不到的位置，迅速秒杀形成人数优势，然后抱团推进。

由于梦魇的削弱，野区能力不强的弱点使得这个战术慢慢消失，但是由于KTA神奇战胜SKTK，这个古老的战术又重出江湖，再一次教育了Faker“做人”。

此外，宇宙队还有一个战术也比较经典。

中二战术

这个战术当时是WE用来针对姿态的战术，双人走中压制对面AP发育，上单1V2下路抗压，AP上路对线对方上单。

这个战术没有什么核心思路，就是“无脑”压制对面AP发育，在中期依靠AP位装备优势打赢团战，重要的是做好视野，防止对方打野GANK上中，或者进行换路。

只要战术成功，对方AP就会“痛不欲生”，无心恋战，心态不好的直接就中推了。

到了S3，拳头公司对版本的改进使得比赛节奏开始加快，奋斗了两年的韩国人终于找到了一条崛起的捷径，一国争霸天下的时代即将来临。

下面就是韩国人成为世界霸主的第一个核心战术。

速推流

也可称为POKE流。

核心思路：AOE技能强的英雄。

4保1战术

核心思路：上中安稳发育，打野经济让给AD，全力保证ADC成长，团战时上单打野卖肉，AP打足伤害，辅助保护ADC完成收割。

这个战术非常的简单，使用的人也不多，最早是TPA4保BEBE，但是国内玩家最熟悉的，还得说是皇族的4保1，俗称“养狗战术”。

没有任何操作上的要求，只需要一个明星级ADC就可以。早期WE打的也是类似战术，诉求只有一个，ADC世界顶级，并且状态正佳。国内环境出AD，所以这个战术在内国是使用最多的。PE夏季赛的夺冠，基本同理。

正是由于“不思进取”，这个战术对付上下路能力不比国内弱的韩国战队时，S3的噩梦开始了。

前期平稳对线，技能等级一到马上抱团，利用远程消耗能力把对手打残，只要对手回家一人就可以强行拆塔，尤其是欧洲人开发的杰斯上单，在韩国人这里真正发扬光大，只需要9级，有个残暴加魔宗的杰斯就能打，不停地推进，消耗、破塔、然后再次推进，迅速取得经济上的巨大优势，随后就开始滚雪球，这套战术打得其他地区毫无办法，而且变种很多，并非BAN杰斯所能解决的，S3雪球效应的增大使得韩国人有了傲视世界的资本。

核心英雄：杰斯、豹女、女警、螳螂。

至于当时其他国内强队，基本没有任何特点，OMG照搬韩国打法横扫全国，IG仍然只会打个人实力，WE在吃老本，缺乏创新精神，对游戏理解能力不强，中国的LOL开始掉队了。

抛开沉重的话题，说一些曾经娱乐过我们的有趣战术。

日炎流

有那么一个时代，日炎的被动是可以叠加的，那时候可以简单称为坦克联盟。一个隐身的英雄，出5个日炎，然后就是烧烧烧。

偷大龙

曾经有个装备叫做绿爪，野区曾经有个爸爸叫做沃里克，狼人变态的回复和伤害，配合一个治疗的奶妈，出一个绿爪，15分钟轻松偷大龙。

BUG流

这个需要技术的支持，有一天，召唤师们终于回想起，你的塔下，我发呆。

在称霸了整个S3之后，时间来到S4赛季，IEM8是第一次各地区战队在S4的交锋。可以从中看出一些端倪，如今的欧美战队战术核心还是拖团战，在个人能力提升了之后，线上打不出大优——团战很难打过欧美战队，当然韩国人是例外。

反观国内战队，可以看出队员之间不仅缺乏默契，似乎连智商都下降了。以前在欧美菜鸡面前炫耀的个人能力如今已经差距不大，但是现在团战能力反而越拉越远，时不时遇到个新奇的套路就显得束手无策，说到底就是对游戏理解的问题，欧美人是玩游戏，享受游戏，国内战队只是单纯的比赛，犹如机器人一般，默守成规，不会应变。

韩国人在站上最高点之后，他们也没有什么大的改变，现在的比赛节奏仍然是速推流的变异版，速推不了就稳下来打团战。但是韩国人现在强在：第一，团战能力不差；第二，节奏掌控能力强，有优势就疯狂入侵野区抢资源，处于劣势就猛做视野拖后期，机会把握能力强。

但是，S4相比S3节奏慢下来了，滚雪球不像以前那么容易，韩国人的优势其实不如想象中那么大了，中国战队需要的是加强团战能力，一切都还有希望。

最后再列举一些奇特的战术，因为种种原因，它们未能奏效。

上中双传送

这个流派玩得转的只有FNC一家，上单带传送是打支援，中单带传送是打收割。缺点是线上弱势，发育不好容易崩，优点是只要捡到人头就是一波肥。中单先手开团输出一波，逃走回城带着家园卫士传送出来收拾残局。

代表英雄：卡萨丁。

代表作：卡萨丁极限偷基地。

双AP

这个战术目前不是很流行了，最近瑞兹的加强使这个战术慢慢有了回归主流的趋势。

FNC也是这一战术的大师，因为SOAZ偏爱AP型英雄，上单皎月、瑞兹、凯南、冰女在S3曾经红极一时，优点是输出够高，火力凶猛，缺点是无前排容易被秒，并且随着一个又一个补丁，上路AP越来越不适合比赛节奏，渐渐在S3后期淡出历史舞台。

下路双辅助

这个战术放弃打野的发育，打完一个BUFF就配合下路二人组越塔强杀，然后推塔，其实就是实际意义上的双辅助。但是这个战术弊病太明显，打野经济等级都没了，就算前期推了两个塔，对局势的影响也不是特别大，S3春季赛的华义是这一战术的先行者，也是受害者，前期有优势节奏转不回来，打野最后无所适从，后来大家汲取了这个战术的精髓，就是前期换路配合打野3级强抓，只是这个套路已经用烂了，稍微有点智商的都不会进这个套。

总之，舟循川则游速，人顺路而不迷。无论游戏版本和主流打法如何改进，无论是刺客联盟、法师联盟，还是坦克联盟，只有顺应时代需求，才是明智之选。

第五章

电子竞技数据分析

第一节　战术分析数据

近几年来，随着大数据概念的提出以及相关技术的迅猛发展，数据分析及数据挖掘也随之被关注和被运用。在游戏行业中，越来越多的关于数据分析的相关内容也不断被披露。“数据驱动下的精细化运营”“玩家群体的定量研究”“移动游戏数据分析体系”等概念的出现，就可以看出在游戏的研发和运营过程中，对数据分析的需求是无处不在的。与此同时，业界对数据分析的讨论也是各抒己见。但不管怎样，盲目过度依赖数据，或者主观解读数据，所带来的损失将是无法估计的。

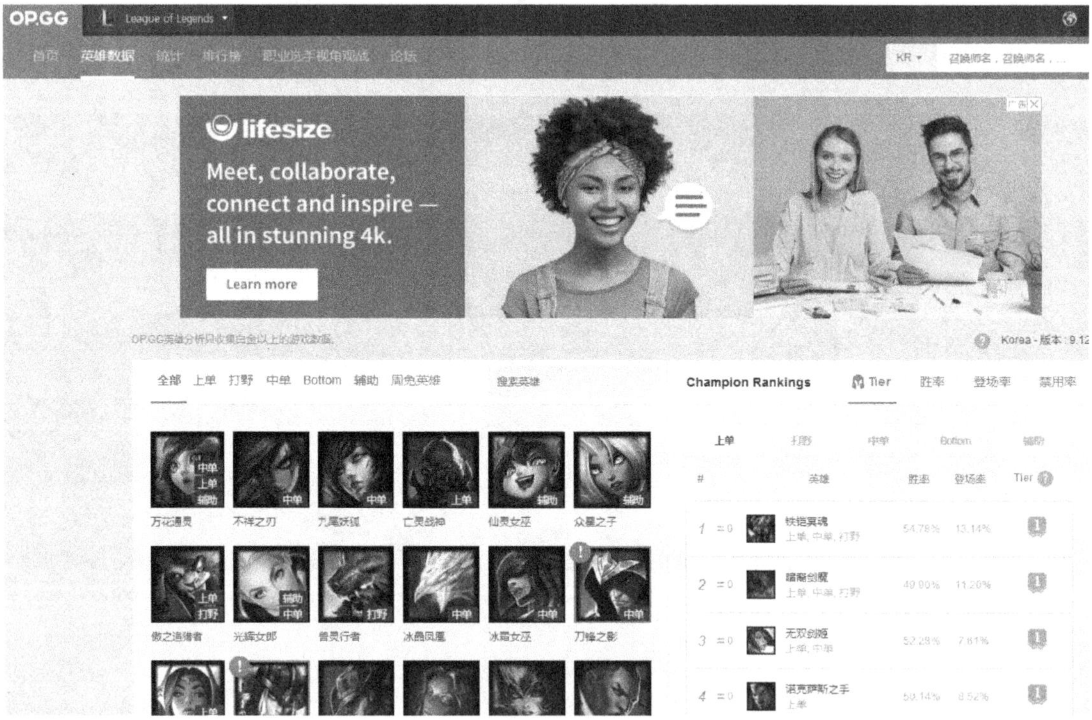

统计数据

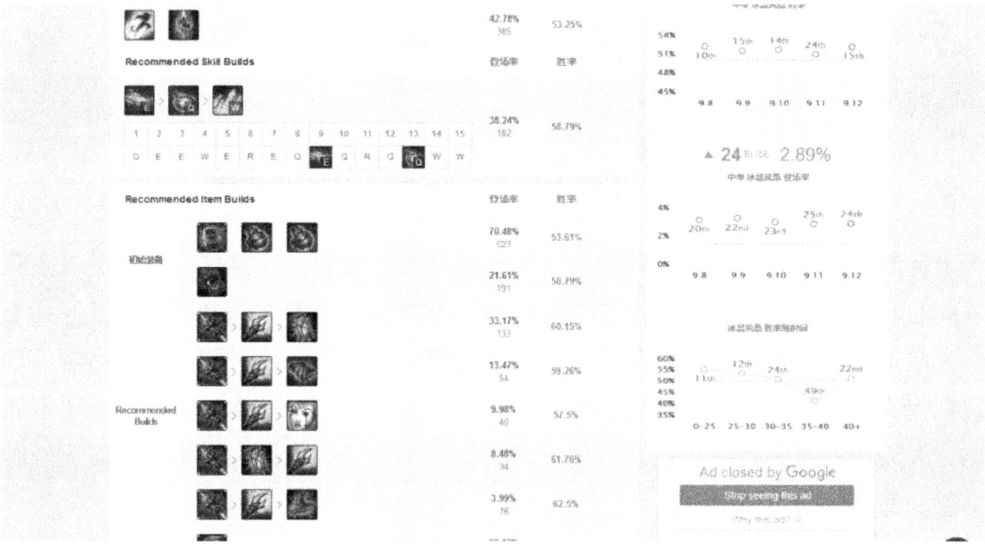

LOL版本数据分析案例

2019年CFPL春季赛

战队数据 个人数据

战队名称	常规赛排名	比赛场数	积分	净胜分	小局数据						爆破回合胜率				爆破回合数据			TD模式	
					胜利	失败	爆破胜利	爆破失败	TD胜利	TD失败	爆破胜率	潜伏者胜率	保卫者胜率	回合平均耗时	一血率	5V4胜率	4V5胜率	人头差	分均人头
SV	1	9	9		18	3	16	1	2	2	62.0%	52.0%	73.0%	88.35	-	-	-	-	-
U9	2	9	7		15	7	15	7	0	0	54.0%	49.0%	59.0%	102.4	-	-	-	-	-
AE	3	9	7		15	9	15	9	0	0	54.0%	50.0%	57.0%	97	-	-	-	-	-
AG	4	9	6		14	7	14	5	0	2	55.0%	51.0%	60.0%	94.62	-	-	-	-	-
BS	5	9	6		14	8	12	8	2	0	54.0%	55.0%	53.0%	101.36	-	-	-	-	-
LG	6	9	3		8	14	8	13	0	1	46.0%	41.0%	51.0%	91.05	-	-	-	-	-
EMG	7	9	3		6	14	6	13	0	1	45.0%	44.0%	46.0%	102.4	-	-	-	-	-
Q9	8	9	2		10	14	6	14	4	0	46.0%	40.0%	53.0%	101.13	-	-	-	-	-
HG	9	9	2		5	14	5	14	0	0	48.0%	45.0%	51.0%	98.65	-	-	-	-	-
70KG队	10	0	0		3	1	2	1	1	0	55.0%	45.0%	64.0%	79.49	-	-	-	-	-

CF官方数据（赛事数据）

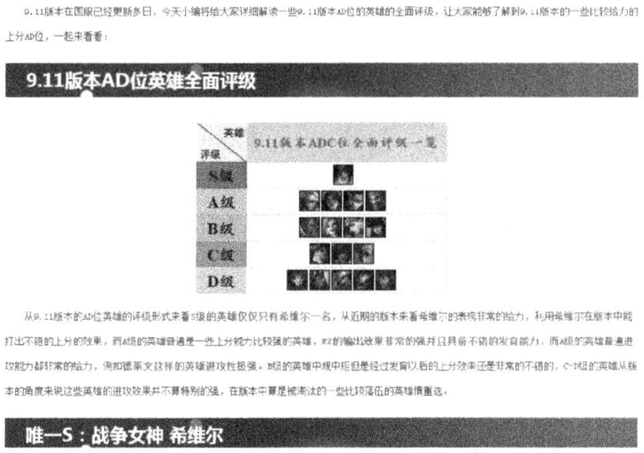

9.11版本在国服已经更新多日，今天小编将给大家详细解读一些9.11版本AD位的英雄的全面评级，让大家能够了解到9.11版本的一些比较给力的上分AD位，一起来看看：

9.11版本AD位英雄全面评级

从9.11版本的AD位英雄的评级形式来看S级的英雄仅仅只有希维尔一名，从近期的版本来看希维尔的表现非常的给力，利用希维尔在版本中能打出不错的上分的效果，而A级的英雄普遍是一些上分能力比较强的英雄，EZ的输出效果非常的强并且具备不错的发育能力，而A级的英雄普遍进攻能力都非常的给力，例如德莱文这样的英雄进攻性超强。B级的英雄中规中矩但是经过发育以后的上分效率还是非常的不错的，C-D级的英雄从版本的角度来说这些英雄的进攻效果并不算特别的强，在版本中算是被淘汰的一些比较落伍的英雄慎重选。

唯一S：战争女神 希维尔

数据分析

第二节　人工智能

人工智能，顾名思义就是计算机拥有了类似于人的智能，计算机可以解决以往只有人才能解决的问题。人工智能这个概念从提出到被重视与大力发展，已经经历了好几十年，它为什么在十年前不火爆，却在现在这个时间点爆发？

这是因为数据需要人的分析与判断，从某种程度上说，与其称人工智能，还不如称数据智能。因为让机器去做判断，它们判断的依据就是大量的数据。这就是今天我们所谈论的人工智能的本质。

回溯以往的历史，当我们获得了大量具有多维特征的、有代表性的数据之后，它能起什么作用呢？依据传统的观念就是归纳总结以及预测。通过这些数据可以生成一个数学模型，或者其他模型，通过模型可以得出我们需要的结果。

最早的开普勒第一定律就是基于这个原理产生的。开普勒的老师将大量的天文学数据交到他的手上，他通过对大量数据的分析总结，并经过验证，最终提出了开普勒第一定律：所有的行星都是围绕太阳做椭圆形运动。

其实自计算机发明之初，科学家们就在思考计算机的智能化之路怎么走，一直到20世纪70年代才找到通过数据拥有智能的发展方向。但是由于过去的数据量相对于计算机时代的数据大爆炸，实在是太过于微薄，所以一直没有实质性的进展。直到20世纪90年代之后，才逐渐有了网络数据的积累。这个时候智能领域，无论是语音识别还是图像识别，才逐步有突破性的发展。2000年之后又由于互联网的蓬勃发展，大数据这个概念开始被提出来，也逐渐被计算机科学界以及大型互联网公司所重视。

业界所公认的计算机最早是在1946年发明的，用于计算弹道轨迹。在计算机发明之前需要工程师们用计算尺耗时好几天才能计算预测出来。在计算机发明之后，导弹发射之后仅仅需要几秒钟人们就能计算出导弹的运行轨迹并最终得知导弹会落到哪里。在感叹计算机神奇的同时，科学家们萌发了奇想，计算机能否具备有像人一样的智能？

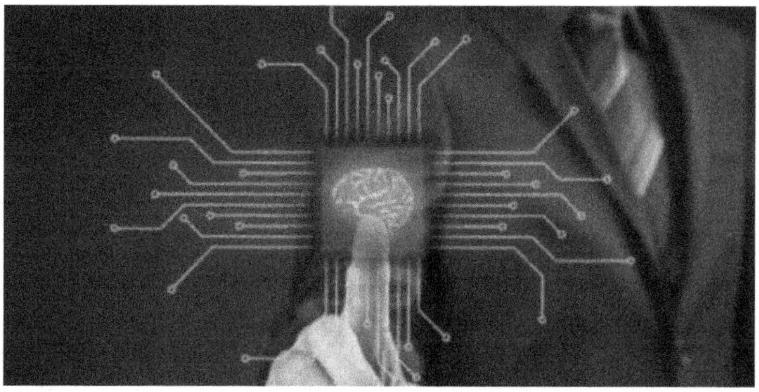

计算机的定义

科学界界定智能计算机的定义，最早应该是在1950年由图灵博士提出来的。他在自己的论文《计算机的机器和智能》一文中讨论了关于验证机器是否有智能的方法。这个方法就是后来业界所熟知的“图灵测试”。让一台计算机和一个人同时坐在幕后，然后让另一个人在台前去跟二者分别交流，如果判别不出哪一边是人，哪一边是计算机，这时候我们就可以说，这是发生了类人的变化，可以说机器已经具有了智能。

这些说的都是机器智能，那现在所广泛谈及的人工智能又是怎么产生的呢？1956年的夏天，在达特茅斯学院召开了一个非官方的会议，它对后来计算机领域的科学发展产生了非常深远的影响，这个会议就是达特茅斯夏季人工智能研究会议。一共有十几位年轻的学者参加，包括香农（Claude Shannon）以及麦卡锡（John Mccarthy）、明斯基（Marvisn Minsky）等，在当时只有香农是业内比较有名气的学者。但若干年后，参加会议的十几个人中，却有四位获得了图灵奖。香农在通信领域产生巨大影响，提出了影响深远的信息论，可以说是领域内的始祖级人物。

确切地说这次会议更像是一次“头脑风暴”。十几位学者在一个暑期所讨论的都是计算机领域尚未解决的问题，或者尚未成熟的一些概念。他们更像是一群开拓者，在规划计算机未来的主要发展方向，确定需要研究进化的领域，而人工智能就是在这次会议上由十几位年轻学者提出来的。他们提出来的还包括自然语言处理和人工智能广泛运用的神经网络。

第三节　电子竞技与大数据、人工智能的联系

案例分析

2018年10月14日晚上，英雄联盟S8赛场，经过近40分钟的反复拉扯、试探、博弈之后，RNG战队终于抓住机会通过一波完美的团战刺穿了C9战队的“心脏”。在这场被誉为本届S赛最精彩的比赛背后，展现的则是双方教练、数据分析师团队对此战的精密谋划。

RNG对阵C9的赛前海报

“占百分比最大的比赛变数，绝对是龙坑。稳定拿下比赛的要点就是顺风永远也不要去碰这两个点，逆风靠这两个点最后搏命。C9战队最后就是在这里犯了一个小失误，被抓住机会打了一波团灭。”一名职业战队的分析师在论坛上这样解释双方的胜败点，他还把双方比赛的数据详细地用统计图表发布在论坛上，让人们不得不感叹双方战队背后出色的数据分析师团队。这场比赛也被看作是专业的电子竞技队伍背后分析师之间的战术较量。

智慧，永远超越力量；战略，永远凌驾于战术之上，这是无可辩驳的。能打上职业赛的选手，哪个不是天赋过人，哪个没有经过苦练，个人水平的差距能大到哪里去呢？真正的团队电子竞技应当像传统体育那样，有完整的教练组和数据分析团队，数据分析师应当是科班出身，是大数据与云计算、人工智能开发、赛事运营管理等方面的精英人士。在这个电子竞技越发向传统体育靠拢的时代，唯有如此，才能真正将电子竞技体育化、正规化、商业化。

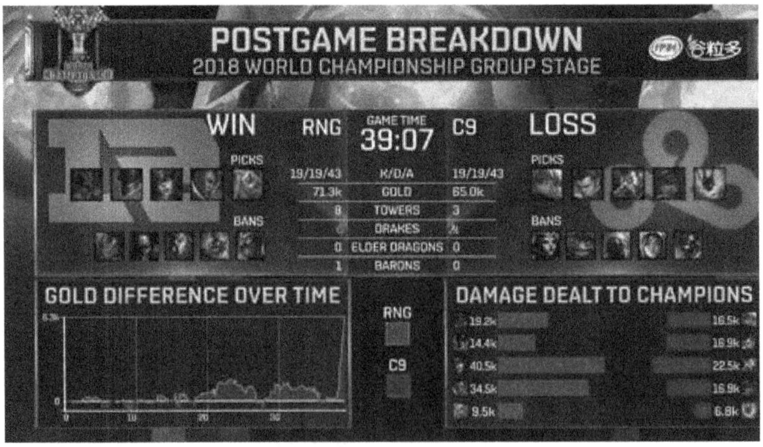

比赛结束后的数据板

智慧的力量

科技永远是第一生产力，未来的电子竞技王者，属于大数据与人工智能支持下的精英战队。那些瞧不起数据分析的人不但会被电子竞技大潮所淹没，也会被时代洪流所淘汰。当国内外的优秀队伍已经采用大数据分析阵容优劣和团队行为的时候，那些只想着赚快钱的小队伍还在依靠浑水摸鱼之流当教练瞎指挥，纵然能凭着队员的个人操作和团队配合赢几次，但稳定性这一关是永远过不去的，时间一长，其短视肤浅的面目便会暴露出来。电子竞技的发展，需要这些拥有大数据、云计算等方面专业知识的数据分析师的支持和参与，需要运用大量无可置疑的赛场数据和信息一针见血地指出为什么输、输在哪里，用有理有据、直指短板的数字干货去粉碎那些“尽力了”“不容易”“差一点”和“你行你上”的借口，去撕碎所有的“粉饰太平”和“得过且过”的伪装，就如《英雄联盟》中的RNG战队那样，真正打造出一支长久、稳定、强大且令人起敬的冠军之师。

人工智能大数据

夺冠

大数据与云计算、人工智能、电子竞技运营管理等知识是运筹帷幄的“孙子兵法”，是捍卫战队尊严的神兵利刃。未来的电子竞技王者属于大数据和人工智能支持的战队。

大数据、云计算、人工智能助力电子竞技发展

第六章

电子竞技赛事介绍

第一节　电子竞技赛事概述

随着社会的进步和经济的发展，参与体育、享受体育、消费体育已经成为当代社会的一种新的理念。体育是和平、是健康、是荣誉，是有广阔前景的朝阳产业，甚至是国民经济中的一个重要增长点。

在体育产业当中，体育赛事是毋庸置疑的核心，是体育产业当中最活跃、最具有影响力的重要组成部分。

体育竞技比赛是竞技运动当中最精彩的表现形式，也是体育运动中最活跃、最富生命力、最具挑战性的环节。本章将对社会体育赛事的基本概念、内涵、特征、分类，以及我国体育竞技比赛的发展及现状进行简要的介绍，使大家对社会体育赛事有一个大致的了解。

体育赛事的诞生源自于体育的出现，而体育的出现源自于劳动。在《劳动在从猿到人转变过程中的作用》一书当中，恩格斯写道“劳动创造了人本身。”事实上，人类正是在劳动过程中，不断创造和改进各种生产生活工具，同时还提高了自身的各项生理机能，从而完成了从猿到人这一漫长的进化。因此，劳动创造了人，进而创造了社会生活中的方方面面，其中自然也包括了体育。因此，从这个意义上来说，体育源于劳动。

早在远古时代，人类就已经在祭祀等活动当中制定了各种规则，形成了体育比赛的雏形。人类历史上关于体育比赛最早的文字记载是在公元前8世纪。古希腊的荷马史诗中的《伊利亚特》记载：“阿喀琉斯为了纪念在特洛伊战争中死去的朋友帕特洛克罗斯举行了一场特别体育比赛。”

在体育赛事的发展过程当中，由于受到社会、政治和经济发展等各方面因素的影响，体育赛事的内容、形式、功能、甚至赛事本身的运作方式等，都在不断地发生着变化。体育比赛也从最初的祭祀活动发展到最初简单的体育游戏，到现代以竞技活动为中心的各种体育竞技比赛，再到当今已经融入寻常百姓日常生活的各类体育赛事。事实上，体育赛事是随着人类的进步与发展，以及社会生产力的不断提高而逐渐形成、发展和完善起来的。

现在，一场体育赛事不仅能够大力带动相关体育产业在当地的发展，甚至能够通过带动其他相关产业的发展，进一步助推当地经济的整体发展。如今，体育赛事已经成为了一个城市乃至一个国家发展和宣传的特殊载体和有效手段，各类体育赛事纷纷变身为提升城市竞争力和宣传城市形象的名片。尤其是在近些年，由于网络技术的飞速发展，广大赛事爱好者可以随时随地通过网络直播观赏赛事，进一步推动了各种形式的体育赛事的蓬勃发展，对经济、文化乃至个人的生活方式都产生了巨大的影响。

体育竞技比赛是社会活动，能够直接对举办地产生重大的经济和文化影响，因而越来越受到众多城市的青睐。

体育赛事具有集聚性、体验性、综合性、外部性等特点。

体育赛事具有高度的集聚性。在体育赛事举办期间，不仅仅有参赛的选手、教练员、裁判员、相关服务人员、媒体和观众等大量人流会在同一空间集聚，同时还会聚集大量的信息流，赛事举办地也就顺理成章地成为多家媒体以及粉丝的关注焦点了。赛事各相关方的交流和对接，更容易为举办地带来空前巨大的无形价值。与此同时，赛事举办期间还会因为大量人流的聚集而带来大量物流的集散，仅参赛选手、官员和记者所使用的器材就能形成巨大的物流经济总量。在体育赛事举办期间，大量的人流、物流、信息流和资金流在一个相对固定和稳定的时间和空间内聚集，从而形成其特有的集合效应，而体育赛事的这种集合效应正是体育赛事对赛事举办地产生综合影响的根源。

体育赛事是一种“体验经济”，这已经成为社会各界的共识。去现场观看比赛的观众，不是为了购买纪念品而花钱，是为了自己的心情买单。所以，对那些观看完比赛进行消费的观众来说，赛后消费是一种快乐的消遣方式。这种消费决定了赛事的观众体验，同时还赋予体育赛事极强的感染性、交流性，甚至引发情感的宣泄。正是由于体育赛事的这一特性，使得广大运动迷在观看高水平的体育赛事时忘乎所以、乐在其中，而这也正是体育赛事给赛事举办地带来巨大经济效益的关键所在。

社会体育是在原始社会中萌芽和产生的，与原始人类的劳动、娱乐和宗教祭祀等其他社会活动都有着极其密切的关系。最原始的社会体育在原始社会的生活和劳动过程当中萌发，也是原始社会活动的主要内容和手段。

在原始社会，人们的生活条件非常恶劣。由于自然灾害和不同部落之间的相互争斗，人们的健康和生命并没有任何的保障。人类为适应残酷的生存环境，创造了很多原始的体育活动，其中包括原始部落为了狩猎到食物而举行的庆祝活动。为了提高战斗技能，使得体育成为人们进行身体训练的手段，或者是通过某种比赛来分配数量有限的食物等。

社会体育赛事又称群众体育赛事，是以社会全体成员为对象的、利用业余时间进行的、以健身娱乐为主要目的、以体育为主题内容、以竞赛为方式、以技能展示和交流为目的的群众性活动。随着全民电子竞技运动的开展和电子竞技运动项目进入奥运会，我国的电子竞技产业将得以更好的发展。

电子竞技赛事，指的是通过周密的组织，遵守共同的规则，以竞技的形式，比拼电子游戏的比赛形式。举办电子竞技赛事需要制定具体的、公平、公正、公开的比赛规则，同时要能够合理合法地对比赛进行裁决和评判。

最早的电子竞技赛事是世界电子竞技大赛，就是我们所说的WCG，旨在打造美好世界的全球性电子竞技盛典。自2000年始办以来，规模之大堪称电子竞技盛典。秉持着促进沟通交流、创造和谐快乐打造美好世界的未来愿景，WCG举办得丰富多彩、推陈出新，是全民共享的电子竞技盛事。WCG不仅仅是一场电子竞技大会，更是连接和沟通世界的全球狂欢。

电子竞技近期在国内得以快速发展，逐渐成为网络时代人们生活娱乐的新方式，成为时代的新发展力，有着良好的发展前景。

在2005、2006年WCG电子竞技大赛上，《魔兽争霸》项目的选手李晓峰连续两年获得了世界冠军，成为我国电子竞技的第一人。在2008年北京举办的奥运会上，李晓峰也以火炬手的身份进行了火炬的传递。

WCG在经历了6年的停办之后，2019年在我国西安，以全新的面貌回归到大众的视野。在这之前，我国一共举办过三次WCG比赛，分别是2009、2012、2013年。这三次比赛大大促进了我国电子竞技的发展，对世界的电子竞技发展也起到了一定的推动作用。

WCG 2019西安是一项全球性的电子竞技大赛，来自全球80个国家的选手展开激烈竞争。

全球游戏爱好者均能报名参加，历经国家预选赛、洲际预选赛，并在洲际决赛中优胜出来的团队，最终进入WCG 2019西安总决赛。在总决赛中，参赛选手积极展示自身的操作实力，争夺全球总冠军。

- 正式比赛项目（注：正式比赛项目是得到WCG电子竞技平台官方承认的项目，WCG赛事组委会主办）

√ 星际争霸

√ 魔兽争霸3

√ 反恐精英（2013年前）

√ FIFA系列游戏

√ 魔兽世界竞技场

√ 穿越火线

√ 英雄联盟

√ DOTA（2013年前）

√ 铁拳系列

√ 超级街霸4AE 2012

√ 逆战（NZ）

√ 王者荣耀（Arena of Valor）

- “WCG 2019西安”正式比赛项目

√ 皇室战争

√　穿越火线

√　刀塔2

√　炉石传说

√　王者荣耀

√　魔兽争霸3：冰封王座

2014年1月，一年举办一次的WCG原本要官方宣布这次大赛的举办地，但考虑到各种因素以及未来发展的趋势，最终宣布将不再举办WCG电子竞技大赛。

世界电子竞技大赛

其实，早在2012年就有传言WCG将取消PC项目改为移动游戏，但没想到会直接停办，让人不胜唏嘘。

停办原因

WCG之所以会在2014年停办，是因为WCG赞助商模式出了问题，WCG算是坚持时间最长的赛事，也是以赞助商模式为主导的老牌赛事。

WCG赛事的举办和发展与三星在世界上的影响力是密不可分的，三星不计回报的投入成就了WCG。

比赛场景

停办影响

有媒体报道称，在过去的14年里，电子竞技世界杯的运行模式为WCG所开创，改变了很多电子竞技人的生活方式。很多人是因为想参加WCG的比赛才成为了职业选手，有些人是因为喜欢WCG赞助电子竞技比赛，有更多的人是因为WCG才喜爱上电子竞技，参与到电子竞技赛事当中，WCG赛事对于社会生活的影响是巨大的。

2013年WCG比赛logo

WCG复活

自2014年开始停办的WCG世界电子竞技大赛在2019年正式复活，韩国游戏大厂Smilegate取得商标授权后，宣布WCG 2019总决赛地点为中国西安。

2019年西安WCG比赛logo

在大多数电子竞技中，有组织的比赛都是遵循欧洲和亚洲国家的职业体育模式，根据战队的比赛情况，进行晋级和降级。然而，随着电子竞技观众兴趣的日益浓厚，一些企业尝试创建联赛，采用北美职业体育的方式，让所有参赛队都参加常规赛、季后赛以争夺冠军。

2011年，Valve 公司在德国科隆举办了第一届国际邀请赛，简称Ti1，是一个全球性的电子竞技赛事，每年一届，奖杯为Valve公司特制的冠军盾牌，每一届的冠军队伍及成员名单将刻在冠军盾上。

2016年，暴雪娱乐宣布了基于《守望先锋》游戏创建的“守望先锋联盟”，2018年1月开始，其首季常规赛共有十二支战队参加。获得合同在战队效力的选手将获得年薪和福利，以及分享战队的收入和奖金。第一个赛季的总奖金为350万美元，赛季后获胜的战队为100万美元。

这两项赛事都是由游戏发行公司自行举办的竞技比赛，Ti1是久负盛名的国际杯赛，“守望先锋联盟赛”是北美最新的《守望先锋》项目联赛。如今电子竞技通过厂商自行举办比赛进行推广已经成为了一种发展趋势，这和早期的电子竞技比赛形式相去甚远。本章主要通过回顾电子竞技赛事的发展，以及围绕电子竞技赛事展开的训练等内容介绍电子竞技的发展概况。

早期历史（1972~1989）

目前已知最早的电子游戏比赛于1972年10月19日在斯坦福大学举办。斯坦福大学的学生被邀请参加“星际空间战争奥林匹克”，其大奖是一年的《滚石》杂志订阅，布鲁斯·鲍姆加特（Bruce Baumgart）赢得了五人全能的锦标赛，托瓦尔和罗伯特·马斯赢得了团体赛。雅达利于1980年举办的“太空入侵者锦标赛”是最早的大型电子游戏比赛，吸引了全美超过1万名参与者。

1980年夏天，沃尔特·戴（Walter Day）创办了一个名为“双星系”（Twin Galaxies）的高分纪录组织。该组织通过《吉尼斯世界纪录大全》等出版物推广电子游戏和宣传其纪录，并于1983年创建了美国国家电子游戏团队。该团队参加了各种比赛，比如为吉尼斯世界纪录大赛举办的电子游戏大师赛，并赞助了北美电子游戏挑战赛。

在20世纪70年代和80年代，视频游戏比赛和玩家开始活跃于热门网站和杂志。最著名的经典街机游戏玩家之一是比利·米切尔（Billy Mitchell），他在《吉尼斯世界纪录》1985年版的*Pac-Man*和*Donkey Kong*游戏中获得了46、47的高分。在此期间播出的相关电视节目包括美国的*Starcade*，在1982年至1984年期间播放了共133集，参赛者尝试在街机游戏中击败对方得到高分。

在线视频游戏（1990~1999）

20世纪90年代，许多游戏都受益于互联网，特别是PC游戏。例如，1988年的*Netrek*是一个多达16个玩家参与的网络游戏，几乎完全是用跨平台的开源软件编写的。*Netrek*是第三个互联网游戏，是第一个使用Metaservers 定位开放游戏服务器的互联网游戏，也是第一个拥有永久用户信息的互联网游戏。1993年被《连线》杂志评为“第一个在线体育游戏”。

20世纪90年代的大型电子竞技锦标赛包括1990年在美国各地巡回比赛的任天堂世界锦标赛，并在加州好莱坞环球影城举行决赛。任天堂1994年为超级任天堂娱乐系统（Nintendo PowerFest’94）举办了第二届世界锦标赛。在加利福尼亚州的圣地亚哥，有132名选手参加了决赛，Mike Iarossi 获得了一等奖。百视通在20世纪90年代初也和*GamePro* 杂志联合主办自己的世界游戏锦标赛，澳大利亚和智利的选手有资格参赛，1994年的锦标赛包括 *NBA Jam*和*Virtua Racing*。

在这段时间里，以电子竞技为特色的电视节目包括英国的*GamesMaster*和*Bad Influence*，澳大利亚的*AMAZING*等。

20世纪90年代后期设立的锦标赛包括 Cyberathlete 职业联赛（CPL），Quakecon和职业玩家联盟。CPL的PC游戏包括 *Counter-Strike* 系列，*Quake* 系列和魔兽。

全球锦标赛（2000年至今）

1997年的亚洲金融危机之后，韩国电子竞技的发展被认为是受宽带网络大规模建设的影响。也有人认为当时高失业率导致很多人在失业时寻找兴趣寄托。韩国电子竞技的发展对于Komany 风格的网吧局域网游戏中心（PC Bang）的盛行起到了推波助澜的作用。韩国电子竞技协会的手臂文化、体育和旅游部成立于2000年，在全国范围内推广和规范电子竞技。

2010年，电子竞技快速发展，收视率和奖金大幅增加。虽然大型赛事是在21世纪设立的，但锦标赛的数量已经大大增加，从2000年的大约10场比赛到2010年大约260场。在这个时期，设立了许多成功的比赛，其中包括世界电子竞技大赛、英特尔极限大师赛和美国职业棒球大联盟。锦标赛的范围也包括在传统电子竞技类型之外进行的竞赛实验。例如，2006年9月的FUN技术全球传播 Webgames 冠军赛以71名选手参加休闲游戏并获得100万美元大奖为特色。

2006年4月，G7团队联盟由七支著名的反恐精英战队组成。该组织的目标是增强电子竞技世界的稳定性，特别是在标准化选手转会及与联赛和组织合作方面。创始成员是4Kings，Fnatic，巴西制造，Mousesports，NiP，SK-Gaming，3D 团队。该组织只维持到2009年就解体了。

2000年前后是电视电子竞技的最热时期。最好的电视传播在韩国，《星际争霸》和《魔兽争霸3》的比赛定期由专门的24小时有线电视游戏频道 OnGameNet和MBC Game 进行转播。在德国，GIGA电视覆盖电子竞技——直到它在2009年被关闭。英国卫星电视频道 XLEAGUE.TV 直播的电子竞技大赛是从2007年至2009年在线电子竞技的唯一渠道，ESL TV尝试了从2006年6月到2007年秋季的付费电视模式，改名为GIGA II。法国电视频道 Game One在为Xfire Trophy开办的名为*Arena Online*节目中播放电子竞技比赛。2007年和2008年CBS 播出预先录制2007年世界电子游戏大赛在美国肯塔基州路易斯维尔举行的比赛。

在线流媒体服务的出现和普及助推了电子竞技在这个时期的发展，是当时观看比赛最常见的方式。Twitch是一个在2011年推出的在线流媒体平台，通过视频流举办在线的电子竞技比赛。2013年，该平台的观众观看了120亿分钟的视频，两个最受欢迎的比赛是《英雄联盟》和DOTA2。在上线的第一天，抽样统计了450万观众的观看记录，每一个观众观看的平均时间为两小时。

现代电子竞技热潮也见证了电子游戏公司拥有产品的潜力。任天堂主办了2010年夏季Wii游戏，超过一个月的比赛，参赛人数超过40万，成为该公司历史上规模最大的比赛。2014年，任天堂在2014年电子娱乐博览会（E3）的新闻发布会上为Wii竞赛邀请了超级粉丝“兄弟”组合，这个新闻发布会在Twitch 上进行了在线播放。

自2013年起，美国高校如伊利诺伊州罗伯特莫里斯大学（Robert Morris Uuilersity）和肯塔基州派克维尔大学（University of Pikeville）已经认识到了代表电子竞技玩家运动员的价值，并为此提供体育奖学金。2017年，Tespa和暴雪娱乐公司宣布了其为大学电子竞技俱乐部竞赛提供奖学金和奖项的新举措。

2014年，最大的独立电子竞技联赛“电子竞技联盟”与本土品牌“日本竞技游戏”合作，在全国尝试发展电子竞技。随着在线观众的增加，电子竞技体育观众人数和比赛范围也在不断增加和扩大。英雄联盟2014赛季全球总决赛在首尔举办，韩国有超过4万名粉丝参与。

2015年，第一个电子竞技竞技场在美国加利福尼亚州圣安娜市启用，成为美国首个专用电子竞技场。

2018年，卢克索拉斯维加斯建成第一个电子竞技体育场，其他场馆计划在未来十年内建成。

第二节　电子竞技的分类

一、电子竞技赛事的分类方式

1．按照赛事举办方的不同

电子竞技赛事可以分为第三方赛事和官方赛事。第三方赛事的组织者并不是游戏厂商，而是独立于游戏厂商和战队俱乐部之外的第三方组织。因此，在电子竞技的第三方赛事中，有三个利益相关方，分别是游戏开发商、战队俱乐部以及赛事组织者。世界最著名的第三方赛事有世界电子竞技大赛（WCG）、电子竞技世界（ESWC）和电子竞技职业联盟（CPL）等。官方赛事则是由游戏厂商为其出品的游戏而组织的电子竞技赛事，例如Valve Corporation（V社）举办的DOTA2国际邀请赛，以及由腾讯游戏举办的德玛希亚杯（Demacia Cup）比赛。

2. 按照参加比赛的项目不同

电子竞技赛事可以分为综合性赛事和单项赛事。综合性赛事指的是在整个赛事的举办过程中，会有多项电子竞技游戏作为比赛项目。例如世界电子竞技大赛WCG，参赛项目就包括DOTA2、《炉石传说》《穿越火线》《坦克世界》《魔兽争霸3》《英雄联盟》和《风暴英雄》等。单项赛事指的是为某一个电子竞技游戏举办的赛事，例如网易和暴雪联合主办的炉石黄金公开赛。

3. 按照赛制的不同

电子竞技赛事可以分为联赛、冠军赛和锦标赛。联赛又包括职业联赛和次级联赛。冠军赛通常指的是所有参赛战队采用淘汰制进行比赛，最后决出冠军的比赛。锦标赛通常代表某个项目最高级别的比赛，只有达到一定水平标准的战队才有资格参加，并且不同地区或国家的参赛队有数量方面的限制。

电子竞技赛事根据参赛项目的多少以及赛事的规模，可以分为综合性赛事和单项赛事两种。本节将梳理电子竞技综合性赛事的发展历史、赛事规则和组织运营等相关内容，帮助大家了解世界电子竞技赛事。

二、世界电子竞技大赛

由韩国国际电子营销公司主办，并由三星和微软提供赞助。在赛事举办期间，观众们不仅能近距离感受电子竞技的龙争虎斗，还能在互动中体验 WCG合作伙伴三星和微软带来的最新技术和新款产品。

WCG 每年会选择不同的游戏作为正式比赛项目。比赛项目选择的依据为该游戏在世界的流行程度、在韩国的流行程度以及赞助商的要求等。

正式比赛项目

正式比赛项目是指得到WCG电子竞技平台官方承认的项目，属于WCG赛事组委会主办的比赛项目：

√ 星际争霸2

√ 魔兽争霸3

√ 反恐精英（2013年前）

√ FIFA 系列游戏
√ 魔兽世界竞技场
√ 穿越火线
√ 英雄联盟、DOTA（2013年前）
√ 铁拳系列
√ 超级街霸4AE 2012
√ 逆战

表演项目

表演赛是地区赛中的比赛项目，是WCG的加盟项目，是非正式的比赛项目，属于游戏厂商主办的比赛项目：

√ 龙之谷
√ 天翼决
√ 梦三国
√ 魔兽世界
√ 热血战队
√ DOTA（2013年为表演项目）

曾经比赛项目（包括历届表演赛和正式比赛项目）：

√ 彩虹冒险
√ 帝国时代
√ 神话时代
√ 雷神之锤 III
√ 虚幻竞技场
√ 胜利之日
√ Carom 3D
√ 战地风云系列游戏
√ 极品飞车系列游戏（包含第 7代至第11代）
√ 光晕、命令与征服系列游戏包含红色警戒系列）
√ 战地之王
√ 死或生
√ 世界街头赛车

在这之前，WCG一共在中国举办过三次，分别是2009年中国成都总决赛和2012、2013年中国昆山总决赛。这三场WCG总决赛极大促进了电子竞技运动在中国的普及与推广，为广大中国电子竞技爱好者留下了宝贵而美好的回忆。

WCG历届总决赛举办地

2001韩国汉城
2002韩国汉城
2003 韩国汉城
2004美国旧金山
2005新加坡
2006意大利蒙扎
2007美国西雅图
2008德国科隆
2009中国成都
2010美国洛杉矶
2011韩国釜山
2012中国昆山
2013中国昆山

WCG大事记

首届WCG2001年在韩国汉城举办，这一届赛事中国队在《星际争霸》和FIFA项目上拿下两枚金牌。

WCG第一次在韩国之外的国家举办是在2004年，这一年来到了美国的旧金山。

在意大利蒙扎举办的比赛是在2006年，这一届WCG引入了新的项目XBOX。

2008年WCG 总决赛在德国科隆举办，Neo TV中国区承办。

2009年中国成都举办 WCG 世界总决赛比赛，这是世界电子竞技综合赛事第一次在中国举办世界总决赛。

2011年WCG 世界总决赛举办权回到韩国。

2012年至2013年，连续两届WCG世界总决赛在江苏昆山举办。

2014年WCG首席执行官李秀根宣布不再举办 WCG 比赛。

三、电子竞技世界杯

电子竞技世界杯（Electronic Sport World Cup，ESWC），起源于法国，前身是法国专业电子竞技公司 LIGARENA 主办的欧洲传统电子竞技赛事、大型局域网竞技比赛*Lan Arena*（千机战）。早在WCG 与 CPL 诞生之前，千机战一直是欧洲最大且最正规的电子竞技赛事，在1998年就出现过上千名电子竞技选手同场竞技的壮观场面。

在第一届电子竞技世界杯正式举办前夕，法国政府给予了EWSC极大的支持，法国总理和法国工业部部长亲自为ESWC 组委会鼓气。

用两位电子竞技世界冠军的话来说：

“ESWC是玩家的天堂。ESWC 制定的规则是为玩家制定的，而不是为组织者或是为其他人制定的。ESWC是我参加过的最好最专业的比赛。”

——Gitz Hock（德国）

“ESWC是我参加过的最好的比赛。它在很多方面都很棒。它组织得很好，而且每件事都进行得很流畅”。

——Heman Haidarian（瑞典）

2003年，ESWC主办方在Futuroscope举办了首届电子竞技世界杯，并设立了中国赛区。

2004年，ESWC推广到了49个国家，比赛获得了空前巨大的成功。据统计，当时共有约10万名观众现场观看决赛，150万人在网上观看视频，赛事相关网页有超过5,500万次的浏览量，比赛总奖金高达250万欧元。

2005年，ESWC 总计有超过60个国家参赛，巩固了其在电子竞技行业的领跑位置。ESWC中国区预选赛在当时一举成为中国范围内举办规模最大、水平最高的电子竞技盛会，有超过1万名玩家报名参赛。

然而随着全球经济危机的暴发，在2006至2008年间，由于多次拖欠选手奖金，ESWC饱受社会各界争议。2008年，ESWC正式宣布破产。2009年ESWC被Games Solution公司收购，但之前拖欠的奖金却不了了之。之后Games Solution以银行背书作为保证，成功举办了ESWC 2010，但是奖金拒付问题依然没有解决。

2012年，ESWC的所有权再度易手，法国电子竞技专业组织机构Oxent正式宣布从Games Solution公司手中购得ESWC所有权，并将 ESWC 重新带回法国。重启之后的ESWC更加规范，吸引了众多的队伍前来参赛，再加上奖金发放及时，ESWC 再度成为世界顶级赛事。

ESWC 2016总决赛在10月27日法国巴黎开战，来自世界各地的参赛队伍齐聚一堂，争夺总计7.5万美元的奖金。

和WCG一样，ESWC的比赛项目也会根据世界游戏流行趋势的变化而有所变化。

第三节　重要电子竞技项目赛事

一、CSGO 知名赛事简介

本节主要对CSGO的单项赛事进行介绍。CSGO的赛事体系是各大电子竞技项目中较成熟的。2016年一年，奖金超过10万美金的CSGO线下比赛超过25个。许多CSGO的大赛都是综合性赛事当中的比赛项目，如IEM、DreamHack等。

1. Major

CSGO特级锦标赛Major每年都会举办两次，作为官方赞助的比赛，Major赛事不但有不少于100万美元的奖金池，而且V社还给参赛队伍出纪念贴纸和喷漆（改革后每次的Major比赛都有24支队伍能获得这个荣誉）。可以说，能够在Major的赛场上夺冠是每支CSGO战队的梦想。与Valve合作举办过Major的主办方有Dreamhack，ESL，MLG，ELEAGUE，PGL等。比赛队伍和赛制都必须遵循Valve主推的模式进行，但是赛事的主办方拥有对舞台美术、赛事品牌宣传以及直播设计包装的主导权。Major举办期间，玩家可以在游戏客户端观看比赛、参与竞猜，还可以在官方商店中购买与这次大赛相关的道具。在客户端观赛（GOTV），还有机会随机捡到掉落的与观赛地图相关的纪念品皮肤箱子。

自2016年的MLG Major Columbus开始，Major的奖金池增加到100万美元。一次 Major 系列赛历时约2个月。全球系列赛包括各赛区的Minor 预选赛、线下预选赛及 Major 正赛。Major 正赛的前8强传奇队伍（Legends）将拥有下一次 Major 正赛的参赛权，9至16名的队伍则被称为挑战者（Challengers），需要参加下一次 Major的线下预选赛。需要注意的是，在Major赛制中，一支队伍想要保留其比赛资格，必须保证队伍5 人阵容中至少3 人不变。

2. CS：GO 超级联赛

2017年CS：GO 超级联赛，是由国家体育总局体育信息中心主办的国内首个CSGO 职业联赛。比赛项目为CS：GO，职业选拔赛分为春、夏两个赛季，各赛季前4名将获得对应赛季线下赛的参赛资格，赛季前2名获得全国总决赛的晋级资格，争夺最终的荣耀。总决赛奖金为20万元人民币。

3. CSGO赛事规则介绍

为了避免每一场比赛各有自己的规则，2012年起ESL、ESWC等著名赛事就开始呼吁并率先统一 CS：GO的比赛规则。

- 赛制

①十六强赛，分四组，组间 BOL循环积分赛，每组积分前两名进八强。

②八强赛，进行BO3 单淘比赛。

③四强赛，四强进行BO3 单淘对决，胜者晋级。

④冠军赛，BO5，胜者冠军。

- 比赛方式

十六支战队分成A、B、C、D四个组（每组四支战队）进行BO1循环积分赛。组内战队两两对决（确保每一组的四支战队都对决过）。胜者积两分，平者积一分，败者不积分。每组积分前两名的队伍将晋级八强（若循环积分赛出现同分的情况，则以净胜分作为晋级标准），并以上半区A组积分第一迎战B组积分第二，B组第一迎战A组第二，下半区C组第一迎战D组第二，D组第一迎战C组第二的分组模式进行八强BO3淘汰赛。胜者直接晋级四强。四强赛上下半区进行BO3对决，胜者晋级并以BO5方式对决，决出最后冠军。

- 队伍组成

参加比赛的团队最多人数为7人。队伍必须包含基本人数5人，还有两个替补选手。

- Ban/Pick地图规则

在比赛当天，进入Ban/Pick程序以确定比赛地图。随机分配Ban/Pick顺序，主队为左，客队为右。

※ BO1 Ban/Pick

① 主队Ban

② 客队Ban

③ 主队Ban

④ 客队Ban

⑤ 主队Ban

⑥ 客队Ban

⑦ 最后一张地图为比赛地图

※ BO3 Ban/Pick

① 主队Ban

② 客队Ban

③ 主队选比赛第一张地图

④ 客队选比赛第二张地图

⑤ 主队Ban

⑥ 客队Ban

⑦ 最后一张地图为第三张比赛地图

※ BO5 Ban/Pick

① 主队Ban

② 主队Ban

③ 主队选比赛第一张地图

④ 客队选比赛第二张地图

⑤ 主队选比赛第三张地图

⑥ 客队选比赛第四张地图

⑦ 主队选比赛第五张地图

比赛以刀局确定地图的双方角色顺序，刀局获胜一方将获得优先选边权。

如两支队伍积分相同，排名结果依据如下：

A. 队伍对战的胜负关系

B. 局差

C. 回合差

D. 如果以上结果皆为一样时，采取加赛

- 比赛细则

※ 比赛版本：使用最新版本的CS：GO

※ 手榴弹使用

①允许使用“燃烧弹”和“燃烧手榴弹”。

②一个回合允许购买4颗手榴弹，可以购买2颗闪光弹，其他的购买手榴弹每回合一次。一回合禁止使用超过1个烟雾弹（捡到的除外）。

※ 控制台命令

①Cl_bobcycle 控制台命令仅允许设定为0.98。

②控制台命令 mat_hdr_level 禁用

③控制台命令 mat_hdr_enable 禁用

④控制台命令 weapon_recoil_model 禁用

⑤如有需要，赛事主办方拥有继续补充本规则的权利

所有的调整和设置都必须基于公平竞争原则，如果裁判委员会发现任何不公平的行为，将会受到严厉处罚。只有以下设定是被允许的：

①亮度调节

②数字震动调节

③对比度调节

④GAMMA 调节

⑤3D 设置包括（抗锯齿，垂直同步等）

⑥游戏画面比例

⑦声音设置

⑧鼠标设置

⑨键盘设置

⑩耳机设置

※ 服务器

正赛通用服务器参数设置：

①mp_startmoney 800

②mp_roundtime1.92

③mp_freezetime15

④mp_maxrounds30

⑤mp_c4timer40

⑥sv_pausable1

加时赛服务器参数设置：

①mp_maxrounds6

②mp_startmoney10，000

※ 热身

选手需在比赛开始前10分钟内调整好自身状态，不允许因个人原因造成比赛开始时间的拖延（如若现场发生机器故障等情况应及时与赛事组委会沟通，尽快解决问题并推迟开始时间）。

※ 比赛地图

①de_dust2

②de_train

③de_mirage

④de_inferno

⑤de_cache

⑥de_overpass

⑦de_cobblestone（de_cbble）

※ 战术暂停

每局每支队伍可暂停1次，时间为5分钟。队长可在回合比赛结束时按下暂停键——从此刻起开始计时。同时，换边后以及第一轮附加回合赛之前两支队伍均有权休息3分钟，加时赛中场休息时间为2分钟。赛事组委会有权在任何时间对以上规则进行更改。

※ 游戏规则中严禁的行为

下列事项在比赛中严禁出现，如出现会导致严重的惩罚：

①除购买道具的脚本可以使用外，其余任何形式的脚本都不被允许使用，包括Jump Throw 脚本。

②使用任何影响比赛公平性的BUG。

③静音C4。

④无法拆除的C4。

⑤如一名选手在比赛中被VAC Ban，将导致其所在队伍直接被淘汰。

※ 团队的阵容与更换选手规则

①参加比赛的团队最多人数为7人，其中必须包含基本人数5 人，还要配备有2个替补选手。

②参赛队伍需要确定1名队长，队长在比赛过程中不得更换。

队长可以是队员，也可以是队伍的领队。队长作为队伍的唯一官方渠道和赛事组委会沟通。

③必须在比赛开始前24小时内向赛事组委会报备，更换的选手必须从团队名单中删除。

④所有参赛的选手都必须是团队名单中的选手。

※ 服务器掉线，比赛中断

①服务器掉线，服务器还会重新启动，地图上的比赛情况将被设计为与团队的状况尽可能接近服务器掉线前一刻的比赛状况。

②选手掉线，死机：上下半场和加时赛第一局伤害造成之前，比赛将重新开始，如果伤害造成后，将会继续比赛，队长必须等该回合结束后再暂停。

③如果问题发生在其他局，队长可在该回合比赛结束时按下暂停键以等待该选手返回游戏。

※ 裁判和争议情况

①战队一方，只能由队长或经理人就组织或争议情况进行交流。

②裁判并不一定要对选手（非队长）的消息进行回应。裁判并不一定要对非通过上述渠道发送的信息进行回应。

③每个单场比赛的组织和监督由比赛裁判负责。裁判将按照本规程做出决定，并通知各相关团队。在特殊情况或者本规程未描述的情况下，裁判可以按照自己的方式解决问题。

④裁判的决定需根据具体情况做出，并且可能需要就个别人员的情况进行解释。

⑤裁判的决定为最终的、且无需讨论的决定。

二、DOTA2大赛介绍

1. DOTA2国际邀请赛

DOTA2国际邀请赛，简称Ti，同英雄联盟的S系列赛一样，每年一届，是一个国际性的全球赛事，由Valve Corporation 主办，我国的DOTA2战队实力都比较强，奖杯为V 社特制的冠军盾牌，每一届的冠军队伍及成员都会记录在游戏奖杯的冠军盾上。Ti 代表了DOTA2最大规模和最高奖金额度的国际化高水准比赛，Ti7的总奖金高达2,478万美元，仅冠军就能独揽超过1,085 万美元的奖金。

现在，Ti屡次登上央视等主流媒体，通过另一种方式让电子竞技得到了主流媒体和社会大众的认可。

2. SLI 国际邀请赛（SLI）

中国上海SLI国际邀请赛作为Ti7后的第一个Minor赛事，可以说是在新规则建立之后的首次尝试。它的奖金池上升到30万美金，各大战队不仅能获得升级后的高额奖金和冠军殊荣，还能获得珍贵的Ti8的积分。2017 SLI国际邀请赛在乌克兰首都基辅举办。根据Valve的规定，本次比赛的预选赛在欧洲、北美、南美、东南亚及中国举办，所有战队均可报名参赛。

3. DOTA2完美大师赛

作为新赛季中国区的第一个Minor，完美大师赛是中国玩家零距离接触世界各大战队的绝佳机会；对主场作战的中国战队来说，携天时地利，这是积累晋级积分的大好良机，而大规模的公开赛、预选赛更是给了新人机会，完美大师赛在六大赛区举行公开赛和预选赛，东南亚、欧洲、独联体、北美和南美赛区的预选赛优胜队伍，将与中国赛区预选赛的两支优胜队伍及三支直邀队伍一起，齐聚黄浦江畔。最终，中国战队NewBee以3-0的绝对优势力克 VG战队，夺得了完美大师赛的冠军，中国战队包揽了冠军、亚军和季军，不仅成功捍卫了中国 DOTA2的荣耀，更是向世界力证了中国 DOTA2不可小觑的实力。

4. DOTA2赛制介绍

Valve宣布在2017～2018赛季加大对于第三方赛事的支持力度，同时 DOTA2将采用全新的积分赛制，选手参加第三方赛事将会获得积分，整支战队积分的多少将是受邀参加 Ti 8的唯一选择标准。

Ti7结束到一直到Ti8的这段时间里，V社不再举办特级锦标赛，而是直接赞助第三方赛事。参加这些赛事的选手（注意，是选手不是战队）将获得排位积分，这是决定2018年国际邀请赛邀请名额的唯一因素。

- 比赛分类

V 社赞助的赛事分为以下两种：

特锦赛：基础奖金池>50万美元，V社额外赞助50万美元，即总奖金池 >100万美元；小型赛：基础奖金池>15万美元，V社额外赞助15万美元，即总奖金池 >30万美元。

为保证全民参与，特锦赛和小型赛的参赛战队，必须是由南美赛区、北美赛区、中国赛区、欧洲赛区、东南亚赛区、独联体赛区的预选赛晋级上来的。

这些比赛全部由V 社直接管理和安排。

- 排位积分

选手参加比赛将会获得排位积分，排位积分和比赛的奖金、级别和离Ti的时间有关，奖金越多、级别越高，离 Ti 越近的比赛，排位积分越高。排位积分会根据锦标赛中的名次进行结算，每名选手都会累积积分。

积分是跟着选手走的，而不是跟着战队走的，在转会期中进行阵容变动，选手的积分不会取消。每支战队只计算积分最高的3名选手作为队伍的有效排位积分。

V社会专门制作一个积分排行榜供查阅。

- WESG 2017中国总决赛 DOTA2项目赛制及规则

①场数：队伍对战一次为一场次。

②局数：一场比赛内进行的比赛次数，例：BO3 为3 局。

③局差：总胜局数减去总败局数获得的结果。

④回合差：总胜回合数减去总败回合数的结果。

- 赛制形式

①小组赛分组：24支队伍抽签分成 A/B/C/D 4组。

②小组赛抽签：由WESG赛事组委会抽签决定。

③赛制：小组前3 晋级的淘汰赛制。

小组赛：BO1单循环积分赛制。获胜积1分，失败0分。小组排名根据积分顺序排列。淘汰赛：BO3 单淘汰赛制。

④小组赛阶段出现积分相同的情况，排名规则如下：2个队伍相同积分，看队伍对战的胜负关系；大于等于3个队伍积分相同，看队伍对战的胜负关系。如果以上条件皆为一样时，采取加赛。规则依据小组赛规则，比赛时间为小组赛阶段赛事结束后当日。

⑤淘汰赛对阵

DOTA2通用组淘汰赛 BO31/4决赛 半决赛决赛

Group A1st Group B2nd M5 M5 胜者 M1M1胜者 M9Group C3rd M9 胜者 Group C1st

M12

Group A3rd M6M6胜者 M2M2胜者 冠军 Group D2nd M12胜者 Group B1st Group C2nd M7M7胜者 M3 M3 胜者 M10Group D3rd M10胜者 Group D1St Group A2nd M8M8胜者 M4M4胜者 Group B3rd 季军赛

M9

M11

季军 M11胜者

M10败者

⑥阵营与Ban/Pick规则

主队决定方式以抛硬币或同性质的方式决定。

BO1比赛Ban/Pick顺序如下：

主队可先行选择【先Ban先选】或【阵营挑选】。

如主队选择【先Ban先选】，客队则有【阵营挑选】权利。

BO3比赛Ban/Pick顺序如下：

主队可先行选择【先Ban先选】或【阵营挑选】。

如主队选择【先Ban先选】，【客队】则有【阵营挑选】权利。

第二局及第三局比赛，败者有优先选择权。

- 游戏暂停或选手断线

①比赛开始后，对战双方都有两次暂停游戏的机会，但是暂停比赛的前提条件是突发意外情况，掉线或者网络异常，暂停时需提前打出P字并告知裁判。

②在比赛过程中如果出现由于现场提供的硬件设备突发状况，导致比赛不能正常进行，选手应立刻告知裁判暂停比赛。

③比赛中遇到服务器崩溃或者其他意外情况，导致无法重新连回服务器，则保持原BP、分路不变，重新开始游戏。由裁判根据当时具体情况进行裁决。

④如无故暂停，视同自愿放弃此次比赛。

⑤裁判若提出赛事暂停要求，双方选手必须双手离开键盘鼠标，等候裁判指令，裁判尚未宣布比赛开始前，所进行之赛事纪录皆不列入比赛纪录。

- 游戏中的严禁规则

①在比赛中，如果任何选手用暴力行为对抗其他选手、其他组织者或观众，将被取消比赛资格。

②所有选手必须与其他选手或项目人员友善相处。

③裁判对所有规则都拥有最终判定权力，这些规则在极端情况下可以变更。

④在比赛中，为了防止外挂或辅助插件，游戏运行时只能运行赛事双方所选定的游戏软件，不能运行其他与游戏无关的程序。如果需要运行YY等语音插件，需提前告知裁判，在裁判同意使用的情况下方可使用，否则全部视为作弊。

⑤如果参加比赛的选手在比赛中利用游戏内的Bug获得胜利，赛事主办方会观看回放，如果是非故意行为，那么会决定重赛；如果是故意行为，则会取消参赛资格或是按作弊处理。

⑥如果出现假赛、代打等行为，一经查实，立刻取消参赛资格，甚至禁赛。

三、《英雄联盟》大赛介绍

1.《英雄联盟》全球总决赛（World Championship）

《英雄联盟》全球总决赛也是《英雄联盟》S系列赛，是《英雄联盟》一年一度的LOL世界杯，它是《英雄联盟》游戏项目水平最高、含金量最高的比赛，是所有《英雄联盟》职业选手梦寐以求的电子竞技盛宴。S系列赛开赛时间是每年的10月初到11月4号左右，为期大约一个月的时间。参赛队伍是来自世界最顶尖赛区的最好的16支战队，全球13个赛区分别是：韩国LCK、中国港澳台地区LMS（LMS联赛）、欧洲LCS（LCS.EU）、北美LCS（LCS.NA）、中国LPL、独联体LCL、巴西CBLOL、东南亚GPL、北拉丁美洲LLN、南拉丁美洲CLS、土耳其TCL、大洋洲OPL、日本LJL。赛区的实力与规模决定着参加S系列赛队伍的数量。

2.《英雄联盟》职业联赛（League of Legends Pro League，LPL）

《英雄联盟》职业联赛是英雄联盟项目中国的职业比赛，就像足球里的中超一样，《英雄联盟》职业联赛是通往S系列赛和MSI季中邀请赛的唯一方式，每个赛区的常规赛积分前几名的队伍参加季后赛，再通过积分的高低进行比赛，常规赛积分第一直接晋级季后赛决赛。在经过2017年改革后，LPL职业联赛取消了升降级制度，参加LPL的名额将以竞标的方式获得。

春季赛季后赛的冠军可以参加官方赛事MSI，也就是所说的季中邀请赛，夏季赛第一将会成为本赛区的一号种子参加S系列世界赛。全年积分最高的队伍，获得世界赛二号种子的名额，剩下的四支积分最高的队伍进行一个资格赛，我们称之为“冒泡赛”，“冒泡赛”第一名的队伍将作为本赛区的三号种子拿到参加S赛的最后一张门票。

3.英雄联盟季中冠军赛（Mid-Season Invitational，MSI）

2015年举行的第一届MIS季中冠军赛，每个赛区春季赛的冠军队伍参加，LPL赛区第一届参赛队伍是EDG，在赛前不被看好的情况下，明凯所使用的寡妇带动全场节奏，虽然SKT Faker拿出了传奇的妖姬，但也阻止不了EDG摧枯拉朽的攻势。最后EDG获得了第一届MSI季中冠军赛的冠军，这代表着一个传奇的诞生和另一个传奇的终结。

那一年的EDG被称为最强战队，但在之后的S诞生系列赛上止步8强。

一年后，MSI季中冠军赛正式更名为MSI季中邀请赛。

4.英雄联盟全明星赛（ALL STAR）

2013年，英雄联盟全明星赛正式开赛，这次赛事的参赛选手全部是由各个赛区的观众和粉丝投票选出的。这次的比赛拳头公司除了设计富有竞技性的正式BP征兆赛，还加入了更具娱乐性、更加刺激的模式。例如有无限火力、克隆模式、单人SOLO赛和两个人操作一台电脑的双人共玩模式。本赛事也和世界赛以及MSI共称为英雄联盟的三大赛事。

2017全明星赛参赛赛区由2017全球总决赛表现最好的八个赛区（如果表现相同的话，将以2017季中邀请赛和之前在国际赛事上的表现来进行决胜评判）参与角逐“梦之队”大赛。本次比赛赛制一改往届“娱乐至上”的主题，取而代之的，是各赛区全明星阵容间的强强对决，采用了新的赛制，由正赛与1v1单挑赛组成。

- 2017全明星赛赛事规则

※ 【赛区对抗赛】

八大赛区的梦之队在比赛中针锋相对，他们分成两组进行BO1单场循环赛小组积分赛；各组前两名晋级到半决赛的BO3中，对阵双方将由小组赛阶段的结果决定；在赛区对抗赛的半决赛中脱颖而出的两支全明星队伍在BO5的赛制下，展开冠军角逐。

※ 【1V1淘汰赛】

1V1淘汰赛由各赛区队伍选出两位明星选手加入争夺，单挑赛将采用单败淘汰赛制，选手只有一次证明自己的机会，16强赛与8强赛为BO1，半决赛与决赛则为BO3。

5. 德玛西亚杯（Demacia Cup）

德玛西亚杯是由腾讯游戏《英雄联盟》主办的一项竞技游戏大型赛事，这个比赛因为EDG战队经常拿第一，所以也被称为EDG杯，这个比赛汇聚了LPL以及LDL联赛里实力较强的队伍。2017年德玛西亚杯冬季赛青岛站于2018年1月4日～1月7日在山东青岛国信体育馆举行，这是《英雄联盟》国内大型职业赛事首次落地山东。

本次德玛西亚杯冬季赛汇集了LPL、LDL以及全国高校联赛共有28支战队参与争夺冠军荣耀。2017年12月26日～12月31日为线上预选环节，共决出 7支战队携手 IG 共同晋级到青岛线下八强淘汰赛。线下赛则采用BO3 双败淘汰赛，总决赛为BO5。本届德玛西亚杯赛事总奖金达到120万元。最后由EDG 让1追3 再次延续了自己在德杯的不败战绩，捧起了德杯总冠军的奖杯，这也是EDG第六次获得德杯总冠军，并独得50万元的冠军奖金。

6. 英雄联盟发展联赛（League of Legends Development League，LDL）

英雄联盟发展联赛是顺应英雄联盟职业电子竞技发展，自2017年夏季新确立的英雄联盟次级职业联赛。LDL 将原本的LSPL 联赛与城市英雄争霸（二、三级赛事）进行改革整合，并设立了华北、华东、华西、华南四大赛区，每个赛区又设立四个城市赛点。通过城市海选，大区晋级，区域联赛和全国总决赛，决出该赛季LDL的最终名次和对应积分。LDL一年分春季和夏季两个赛季，两个赛季的成绩最优队伍可晋级下一年LPL 职业联赛。

LDL的目标是在每年决出一支冠军队伍，晋级至LPL。目的是在未来向 LPL 提供优秀的储备战队和源源不断的预备选手，并且与 LPL 主客场赛制相似，向全国各地区进行拓展，使英雄联盟电子竞技有更好的区域化发展。LDL 预选赛阶段共分为四个赛区，每个赛区有四个海选城市，每个海选城市至多有64支队伍报名。LDL 正赛阶段共有32支队伍参赛，其中包括 LSPL的11家俱乐部和1家外卡俱乐部。

LDL 预选赛阶段不允许当年年度注册过全球任意赛区的职业、半职业选手参赛。选手资质以当年年度官方注册大名单为准，每队不允许同时上场两名以上外援，外援需具备在华工作资质（特指签证级别）。参赛选手需年满15 周岁。

（1）新增入围赛

参赛队伍：除 LCK赛区外，LMS、LCS.EU、LCS.NA以及 LPL 四大赛区的三号种子再加上CIS（独联体）、BR（巴西）、SEA（东南亚）、LAN（北拉丁美洲）、LAS（南拉丁美洲）、TUR（土耳其）、OCE（大洋洲）、JPN（日本）8个赛区的一共12支队伍进入入围赛选拔。

第一轮：12支队伍随机分成四组，每组3 队，分别进行组内的BOL双循环小组赛，每个小组的前两名进入第二轮。

第二轮：进入第二轮的8支队伍随机分成四组，每组2队，进行BO5 单败的淘汰赛，胜者将直接进入S7总决赛的正赛阶段。

（2）队伍成员资格

选手年龄：所有参加全球总决赛的选手必须年满17周岁。

居住地与工作资格：所有参加全球总决赛的队员都需满足各个赛区的参赛标准。

非拳头员工：队伍的所有者、管理者、教练、先发选手和替补选手都不可以是拳头公司或者赛事主办方的相关成员，也不可以是拳头公司的前员。

（3）参赛资格和奖金

- 参赛资格

队伍从各自所在的赛区获得晋级2017年全球总决赛的资格，规则由该赛区制定。以下是各赛区获得的全球总决赛参赛资格席位数：

※ 韩国赛区（LCK）

1号种子队伍获得小组赛阶段名额

（每个小组只有1支种子队伍）

2号 /3 号种子队伍获得小组赛阶段名额

※ 中国赛区（LPL）

1号种子队伍获得小组赛阶段名额

（每个小组只有1支种子队伍）

2号种子队伍获得小组赛阶段名额

3 号种子队伍获得入围赛阶段名额

※ 欧洲赛区（EULCS）

1号种子队伍获得小组赛阶段名额

（每个小组只有1支种子队伍）

2号种子队伍获得小组赛阶段名额

3 号种子队伍获得入围赛阶段名额

※ 港台澳地区赛区（LMS）

1号种子队伍获得小组赛阶段名额

（每个小组只有1支种子队伍）

2号种子队伍获得小组赛阶段名额

3 号种子队伍获得入围赛阶段名额

※ 北美赛区（NALCS）

1号 /2号种子队伍获得小组赛阶段名额

3 号种子队伍获得入围赛阶段名额

※ 东南亚赛区（GPL）

1号种子队伍获得小组赛阶段名额

2号种子队伍获得入围赛阶段名额

※ 巴西赛区（CBLOL）

1号种子队伍获得入围赛阶段名额

※ 独联体赛区

1号种子队伍获得入围赛阶段名额

※ 日本赛区（UL）

1号种子队伍获得入围赛阶段名额

※ 拉丁美洲北部赛区（CLS）

1号种子队伍获得入围赛阶段名额

※ 拉丁美洲南部赛区（CLS）

1号种子队伍获得入围赛阶段名额

※ 大洋洲赛区（OPL）

1号种子队伍获得入围赛阶段名额

※ 土耳其赛区（TCL）

1号种子队伍获得入围赛阶段名额

- 赛事奖金

全球总决赛的奖金包括由比赛主办方提供的225万美元，以及与全球总决赛相关联的指定数码产品一定比例的销售利润（即“奖金池”）。

2017年全球总决赛冠军将得奖金池的37.50%。全球总决赛冠军为五局三胜制总决赛获胜的队伍。第2名优胜者（即在五局三胜制总决赛中告负的队伍）获得奖金池的13.5%。第3名和第4名的队伍（即在半决赛中告负的两支队伍）各获得奖金池的7%。第5名、第6名、第7名、第8名这四支队伍（即在四分之一决赛中告负的队伍）各获得奖金池的4%。第9名到第12名的队伍（即在小组赛阶段各自的分组排第三名的队伍）各获得奖金池的2.25%。第13名到第16名的队伍（即在小组赛阶段各自的分组排第四名的队伍）各获得奖金池的1.25%。第17名到第20名的队伍（即在入围赛阶段各自的分组中晋级入围赛淘汰赛，但没能晋级小组赛阶段的队伍）将各获得奖金池的0.75%。最后，第21名到第24名的队伍（即在入围赛阶段各自的分组中没能从入围赛阶段晋级的队伍）各获得奖金池的0.5%。

在本届比赛小组赛阶段各分组排第三名和第四名的队伍中，如果某些队伍在全球总决赛小组赛阶段的胜负场次相同，导致各分组第三名和第四名的队伍成绩相同，那么并列的队伍将会平分各自所在奖金池（出于奖金池分配的考虑，满足条件的两支队伍将不适用于决胜局规则）。例如，如果B组第三名的队伍成绩是2–4（两胜四负），B 组的第四名队伍成绩也是2–4（两胜四负），那么这两支队伍将各获得奖金池的1.75%即（2.25% +1.25%）/2。

名次与奖金池比例：全球总决赛冠军37.5%，第二名13.5%，第三到四名各 7.00%，第五到第八名各4.00%。

小组赛名次最低赛事奖金：小组第一晋级四分之一决赛，小组第二晋级四分之一决赛，小组第三2.25%；小组第四1.25%；如果两支队伍并列第三各1.75%。

入围赛淘汰阶段名次最低赛事奖金：获胜队伍晋级小组赛阶段，失败队伍各0.75%。

入围赛阶段名次与最低赛事奖金：第一名和第二名晋级入围淘汰赛阶段，失败队伍各0.5%。

（4）阵容规则

使用召唤师峡谷地图进行的一局游戏，直到通过下列方式之一产生获胜方，以第一个发生的为准：（a）完成最终目标（摧毁水晶枢纽）；（b）队伍投降；（c）队伍被剥夺资格；（d）判罚获胜 。

比赛直到一支队伍的取胜局数占了总局数中的大部分（例如，在三局游戏中赢得两局胜利，也就是BO3；在五局游戏中赢得三局胜利，也就是BO5）。

在全球总决赛比赛期间，要求每支队伍有五名选手作为先发阵容（“先发”），一名替补（“替补选手”），以及一名正式教练，共同组成“正式名单”。如果正式名单人员不在现场，该队伍将受到处罚。在全球总决赛官方认定为紧急情况的场合下，官方可以不做任何处罚。

如果某支队伍没有按照规则要求让替补选手出场，那么他们将会面临其奖金池20%的组织罚款，上限为2万美元。如果队伍在遭到任何禁赛惩罚时，由于该队伍在比赛现场没有替补选手，导致该队伍无法满足上场名单要求而丧失比赛资格，在决定惩罚的时候，全球总决赛官方可能会将无法让替补选手出席视为一个极端恶劣的因素来考量。

如果队伍在其赛区阵容确定之后，在官方认可的情况下试图需要与一名替补选手签订合同，那么只要该选手没有在同年为任何职业联赛效力，该赛区可以允许队伍进行签约。在这种情况下，队伍可能会面临其奖金池10%的组织罚款，上限为1万美元。

满足以下条件的队伍需要保证拥有第二位替补选手（“第七名选手”）：队伍的先发由三名常驻本地联赛身份选手和两名非常驻本地联赛身份选手组成，队伍的替补选手是一名非常驻本地联赛身份的选手。在这种情况下，该队伍需要拥有一位常驻本地联赛身份的第七名选手。要求第七名选手的目的是为了避免出现常驻本地联赛身份的选手无法在全球总决赛上出战。（因为先发阵容禁止出现三名非常驻本地联赛身份的选手而导致队伍无法满足阵容要求的情况出现）

如果队伍同意承担第七名选手参加全球总决赛相关的所有费用，那么该队伍可以保有第七名选手。

第七名选手不属于正式名单上的成员，队伍不可以将第七名选手加入正式名单，除非正式名单中的某一位成员由于以下原因无法进行比赛：疾病、伤病、个人紧急情况（由全球总决赛官方认定）；以及其他全球总决赛官方认定的紧急情况。如果正式名单的一名成员被第七名选手替代，那么除非在特殊情况下经过全球总决赛官方的批准，否则他将失去今年在全球总决赛上继续比赛的资格。

如果队伍按照本规则拥有第七名选手，那么如果比赛现场第七名选手没有出场，这支队伍将会受到处罚。在全球总决赛官方认定为紧急情况的场合下，全球总决赛官方可以放弃任何处罚。

在本规则要求的情况下，如果队伍无法让第七名选手出场，那么他们将会面临其奖金池20%的组织罚款，上限为2万美元。如果队伍因为没有第七名选手出现在比赛现场，导致该队伍无法满足上场名单要求而丧失比赛资格，在决定处罚的时候这将会被视为极端恶劣的因素来考量。

- 教练

每支队伍都要求有一名指定的教练。教练不得为半职业队伍中的先发队员、替补队员或者正式名单当中的一员，也不可以是职业队伍或者半职业队伍的所有者或经理。按照本规则的定义，在赛区联赛中进行比赛的职业队伍可以直接获取全球总决赛的参赛资格，在联赛中进行比赛的半职业队伍可以直接获取职业联赛的参赛资格。

如果该赛区对于教练没有强制性要求，那么教练也可担任队伍经理。每名教练只能代表一个电子竞技团体。教练必须带领队伍参加每一场比赛。如果紧急情况下教练无法到场，该队经理必须指派一名临时教练代替。如果届时比赛现场没有教练出现，这支队伍将会受到处罚。

- 正式名单/第七名选手确定

队伍需要按照规定的时间，最终决定并向联赛赛区提交正式名单（先发 + 替补选手）以及第七名选手（如适用）。在这一日期提交或告知全球总决赛官方的正式名单将会被确认为获得全球总决赛资格的正式名单。该正式名单只能由赛区名单确定时队伍名单上的选手组成。该名单的确定不会取代赛区名单的确定，其目的仅仅是为了队伍从其名单中指定哪些拥有有效资格的选手可以组成参加全球总决赛的正式名单。如果赛区预选赛的名单没有确认，那么队伍在全球总决赛前的最后一场预选赛后不能向名单中添加任何新选手。

如遇紧急情况，队伍可以在截止日期后增加一名替补。但是，增加的这名替补选手必须满足以下所有条件：在规定日期前不在任何其他职业队伍的名单中；在规定日期前必须取得进入职业队伍名单的资格；以及在当前赛季中不得在任何职业联赛中参加过比赛。按照本规则的定义，任何能够让一支队伍直接获得全球总决赛参赛资格的联赛均为职业联赛。

所有先发选手和第七名选手（如适用）必须与其代表队伍签订合同。

- 阵容和选边提交

在入围赛阶段和小组赛阶段，每天首场比赛的先发阵容的修改申请必须由队伍指定的教练提出，递交时间必须在直播的两小时前。如果直播在当地时间下午1点开始，那么当天所有进行比赛的队伍都必须在当天上午11点前提交先发名单。

在入围赛淘汰赛阶段，每天首场比赛的先发阵容的修改申请必须由队伍指定的教练提出，递交时间必须在直播的两小时前。如果直播在当地时间下午1点开始，那么当天所有进行比赛的队伍都必须在当天上午11点提交先发名单。另外，名次较高的队伍需要在该时限之前提交其第一局的选边决定。如果队伍在时限前无法决定选边，那么会默认该队伍选择蓝色方进行游戏。

在淘汰赛阶段（四分之一决赛、半决赛和决赛），队伍必须在所形成的参加比赛两天前当地时间晚10点之前提交其第一局的阵容，或者在所参加比赛开始的两天前的直播结束后决定比赛当天的直播方案确定其第一局的阵容。以两者中较晚者为准。如果队伍要在星期日参加淘汰赛阶段的比赛，那么他们必须在当地时间星期五晚上10点之前提交他们的名单。另外，拥有优先选边权的队伍需要在该时限之前提交他们第一局的选边决定。如果队伍在时限前无法决定选边，那么会默认该队伍选择蓝色方进行游戏。

如有要求，递交的名单必须包含全球总决赛官方要求的队伍信息以及队伍成员个人信息。这将包括队伍成员的游戏名称（及所需的拼写和大小写）。

- 单日人员调整和选边

如果队伍希望在某日的首场比赛后进行队员阵容调整，那么调整信息须在下场比赛开始前（即下场比赛之选择/禁用英雄阶段开始之前）告知裁判。请注意，下场比赛指的是赛程中下一场进行的比赛，而不是队伍希望做出调整的那场比赛。

队伍可以在一场比赛内（即BO3或者BO5的两场比赛之间），或者在BO1的两轮比赛之间换替补选手，但队伍必须告知全球总决赛官方，并且在前一局游戏后立即获得人员调整的批准，不得晚于水晶枢纽爆炸后的5分钟。例如，某支队伍希望在第二局游戏中更换一名选手，那么教练必须在第一局游戏结束后五分钟之内告知全球总决赛官方。

第一局结束后，比赛获胜方的选边将在每局比赛之间决定。有权在下一场次选边的队伍可以在水晶枢纽爆炸后的5 分钟内，决定他们下一场比赛的选边。选边过程与队员调整的告知同时进行。队伍的选边结果将由其教练通知裁判。

- 队伍标签及选手名称

队伍可在比赛服务器中的选手召唤师名称前加2～3个字符作为标签。标签只允许包含大写字母以及数字0～9。

召唤师名称可以使用大小写字母、数字0～9以及下划线，单词之间只可以使用一个空格。包括空格在内，召唤师名称不得超过12个字符，并且只能够使用英文字符。队伍名称、召唤师名称以及标签当中不允许出现额外的特殊字符。队伍成员在召唤师名称中只能拥有一个队伍标签品牌。召唤师名称以及队伍名称不可含有：低俗及色情内容；与英雄联盟当中英雄相关或者其他相似的角色名称；其他可能导致误解的内容。

所有的队伍标签、队伍名称以及召唤师名称在使用前必须得到全球总决赛官方的许可。只有在某些特殊的情况下，名称才可以进行更改，但在全球总决赛中使用之前必须得到赛事官方的许可。在队伍标签或者召唤师名称出现重复的情况下，全球总决赛官方保留要求任何队伍更改队伍标签或者要求任何选手更改其召唤师名称的权力。

（5）选手设备

- 全球总决赛提供的设备

全球总决赛参赛选手在所有官方比赛中使用的以下类别设备，将由全球总决赛官方提供，供全球总决赛选手专门使用。

※ 个人电脑与显示器

※ 暖手器

※ 头戴式耳机/入耳式耳机/麦克风

※ 桌椅

应某总决赛参赛选手的要求，全球总决赛官方可提供以下类别的设备，供其在全球总决赛的所有正式比赛中使用。

※ 电脑键盘

※ 电脑鼠标及数据线收纳器

※ 鼠标垫

所有全球总决赛官方提供的设备将由全球总决赛官方选定。

- 选手或战队拥有的设备

选手可以携带以下类别的设备进入比赛区域，并且在全球总决赛官方的比赛期间使用这些设备，无论设备属于选手个人还是其所在队伍。

※ 电脑键盘

※ 电脑鼠标及数据线收纳器

※ 鼠标垫

在比赛区域内，选手不得携带、使用或者佩戴非全球总决赛官方提供的任何头戴式耳机/入耳式耳机/麦克风。

所有选手以及队伍所有的设备必须事先提交到全球总决赛官方以获得认可。未获认可的设备有可能被全球总决赛官方怀疑会提供不平等的竞技优势而禁止使用。如果某选手的设备被禁用，那么该选手会被要求使用全球总决赛官方提供的设备。

出于赛事保密、安全或者运作效率及效力等方面的原因，全球总决赛官方可以自行决定不接受某一设备的使用。

选手及队伍所拥有的、任何带有或者显示拳头游戏及英雄联盟竞争对手公司与品牌的名称、相似物和标识的硬件与设备都不允许带入比赛区域。

- 设备的更换

如果全球总决赛官方在任何时刻怀疑出现了设备或者技术故障，选手或赛事官方人员可以要求对此状况进行技术检查。如果需要的话，将有一名全球总决赛官方技术人员对故障进行判断和排查。技术人员可以要求全球总决赛官方订购任何设备的替代品。替换任何设备的决定将完全取决于全球总决赛官方。如果选手希望使用个人设备更换，其必须使用获得全球总决赛预先许可的设备。

- 选手与教练服装

在比赛期间，每位选手都必须穿着与俱乐部相关的服装，必须是正式队服，即必须是明显带有战队品牌的服装。如果俱乐部对品牌服饰没有要求，则必须穿长裤和不能穿拖鞋。为了避免与其他人员发生混淆，参赛队员必须穿着全套队服。

教练在出席活动时必须穿着正式服装，并且需要得到全球总决赛官方的认可。替换任何设备的决定将完全取决于全球总决赛官方。

- 电脑程序及使用

选手不允许在电脑上安装自己的程序，只能使用全球总决赛官方提供的程序。

语音聊天。选手只能通过全球总决赛官方提供的头戴式耳机使用内部系统进行语音聊天。使用第三方语音聊天软件（如Skype）是不被允许的。全球总决赛官方将会自主决定是否监听队伍的语音聊天。

社交媒体与交流。禁止使用全球总决赛的电脑在社交媒体或者交流站点上浏览、发言，包括但不限于Facebook，Twitter，在线论坛/留言板以及电子邮件等。

非必要设备。无论任何原因，禁止在全球总决赛的电脑上连接非必要的设备，包括但不限于电脑、闪存盘或者 MP3 播放器等。

- 客户端账号

全球总决赛会为选手准备比赛服务器的账号。选手需要按照自己的偏好设置账号。账号的召唤师名称在选手提交后，须在全球总决赛官方批准后方能使用。

- 音频控制

选手需保持音量高于最低设置，这将会清楚地标识在控制器上。如果赛事官方认为音量太低，全球总决赛官方有权要求选手调高音量。

头戴式耳机必须直接佩戴在选手的耳部，并且在比赛进行过程中保持位置不变。头戴式耳机附带的麦克风必须贴近选手的嘴边，如果赛事官方认为其位置不妥，全球总决赛的官方人员将会调整。选手不得通过任何手段在耳机和耳部之间放置任何物品，包括帽子、围巾或者其他服饰来妨碍头戴式耳机的位置。

- 设备干预

比赛开始后，选手不可以接触或者操作其他队友所拥有或者被提供的设备。如果有选手的设备需要寻求帮助，应求助于全球总决赛官方。

（6）场馆与比赛区域布局

- 场馆通道

除非事先得到过全球总决赛官方的许可，否则场馆内通往全球总决赛正式比赛限定区域的队伍通道只限参赛队伍成员使用。参加全球总决赛比赛的许可将完全由全球总决赛官方自行决定。

- 比赛区域

“比赛区域”意为比赛中所用电脑周围的邻近区域。在比赛进行期间，队伍成员中只有先发成员可以出现在比赛区域内。

- 队伍教练

指定的队伍教练可以在比赛准备阶段以及选择/禁用阶段出现在比赛区域，但是必须在选择/禁用阶段完成之前离开，在比赛结束之前不得再返回。

- 队伍经理

队伍经理可以在比赛准备阶段出现在比赛区域，但是必须在选择/禁用阶段开始前离开，在比赛结束之前不得再返回。

- 无线设备

无线设备包括移动电话和平板电脑，在选手加入到已激活的游戏时不允许出现在比赛区域，包括选择/禁用阶段、暂停、重开、多局决胜负比赛每局之间的阶段。在比赛区域中全球总决赛官方将替选手暂时保管此类设备，在比赛结束后返还给选手。

- 饮食限制

比赛区域内不允许出现食物。在比赛区域内，饮料必须盛装在拳头游戏提供的可再次封装的容器内。如有要求，全球总决赛官方会为选手提供这样的容器。

- 热身区域

热身区域（某些情况下也被称为“休息室”）中备有全球总决赛官方指定的电脑，专供选手在正式比赛开始前练习之用。热身区域仅为队伍成员使用，由全球总决赛官方决定进入的许可。

- 其他队伍成员区域

其他队伍成员区域是场馆内由全球总决赛官方定义的区域，目的是将选手进行放松和社交的地域与比赛区域相隔离。除非从全球总决赛官方得到特定的许可，这些区域仅限队伍成员进入。

（7）**赛事结构**

日程安排/入围赛阶段/入围赛淘汰赛阶段/小组赛阶段/四分之一决赛/半决赛/决赛

- 入围赛阶段

全球总决赛的第一轮为入围赛，分组队伍之间进行双循环制单场胜负赛。在全球总决赛之前，十二支入围赛队伍将会被分成四组，每组三支队伍。每支队伍都要和所在分组内的其他两支队伍分别间断地进行两场比赛。

※ 分选边

每场比赛的分选边将会随机地预先决定。每支队伍将分别在地图的两方（即蓝方和红方）与小组内的所有队伍进行比赛。

※ 决胜比赛时间

决胜比赛将在入围赛阶段各自小组的最后一场比赛后立刻进行。

※ 两队平局

如果两队在入围赛阶段的分组内打平，就会使用相互对抗胜负记录确定第一决胜队伍。如果两队的对抗记录相同，那么这两支队伍将进行一场决胜比赛以确定最终入围者。

√ 选边

在确定一对一决胜局的必要性之后，选边将通过掷硬币的方式来决定。掷硬币获胜的一方需要在获胜后立刻向全球总决赛官方提交其选边方案。

※ 三队平局

如果全部三支队伍在入围赛阶段打平，那么将会计算各队胜场总时间（每支队伍获得每场比赛胜利所需要的时间总和）。胜场总时间最多的两支队伍（即获得比赛胜利所需要的时间总和最长的两支队伍）将会进行一轮决胜。比赛的败者将被淘汰出全球总决赛，而胜者要和胜场总时间最少的那支队伍（即获得而比赛胜利所需要的时间总和最少的队伍）进行一场决胜。第二场决胜局的胜者将获得分组第一的名次，而比赛的败者获得分组第二的名次。

√ 选边

三队平局中所有比赛的选边都由胜场总时间最少的队伍来决定。

- 入围赛淘汰赛阶段

所有入围赛阶段分组 A、B、C和D中获得第一名的队伍将会被随机和另一个入围赛阶段分组中获得第二名的队伍匹配进行BO5的比赛。例如，入围赛阶段 A 组第一名的队伍可能会被匹配到入围赛阶段 B 组、C 组或者 D 组的第二名队伍（但不会是A 组的第二名队伍）。四场比赛中所有的胜出队伍都会晋级小组赛阶段，并随机分到小组赛阶段的其中一个分组中去。这些比赛的败者将被淘汰出全球总决赛。

※ 选边

入围赛淘汰赛阶段比赛的选边将由每场比赛的入围赛阶段1号种子决定。这支队伍会决定第一场、第三场和第五场比赛的选边，而2号种子则会决定第二场和第四场比赛的选边。

- 小组赛阶段

小组赛阶段为小组赛阶段分组队伍之间进行的双循环制单场胜负赛。在小组赛阶段之前，十六支入围赛队伍将会被分成四组，每组四支队伍。每支队伍都要和所在分组内的其他队伍间断地进行两场比赛。

※ 分选边

每场比赛的分选边将会随机地预先决定。每支队伍将分别在地图的两方（即蓝方和红方）与小组内的所有其他队伍进行比赛。

※ 决胜比赛时间

决胜赛会在各自小组的最后一场比赛后进行。

※ 两队平局

如果两队在小组赛中打平，就会使用相互对抗胜负记录确定第一决胜队伍。如果两队的对抗记录相同，这两支队伍将争取分组的第一名或者第二名，然后他们会进行一场决胜比赛以确定最终入围者。如果决胜局无法决定分组内的第一名或者第二名，也就是说如果分组内的第三名和第四名队伍形成两队平局，那就不进行决胜比赛。

在确定一对一决胜局的必要性之后，选边将通过掷硬币的方式来决定。掷硬币获胜的一方需要在获胜后立刻向全球总决赛官方提交其选边方案。

※ 三队平局

如果战绩并列的队伍有三支，就要考虑到所有涉及决胜队伍之间的相互对战纪录交战成绩。如果一支队伍在决胜中的获胜记录（即赢得超过50%的比赛）高出所有其他队伍（即赢得超过50%的比赛），该队伍将自动变为最高决胜队伍。在这种情况下，其他两支队伍（也就是两支和平局队伍相比没有获胜记录的队伍）需要进行一轮决胜比赛。比赛的败者将会被视为平局队伍中的最后一名，而胜者要和最高决胜队伍进行一场决胜比赛。第二场决胜局的胜者将会被视为平局队伍中的最高决胜队伍，而败者队伍会被视为平局队伍中的第二名。例如，A队伍2胜0负战胜B队伍，A队伍以1胜1负同C队伍战绩持平，C队伍以1胜1负同B队伍战绩持平，A队伍会被指定为最高决胜队伍，B队伍和C队伍进行一场比赛，胜者再与轮空进入这场比赛的A队伍角逐。

如果没有队伍的一对一获胜记录高出其他平局队伍（也就是说没有一支队伍拥有一对一最高的相互对战获胜记录，或者不止一支队伍拥有一对一获胜记录），那么将计算各队胜场总时间（即每支队伍获得每场比赛胜利所需要的时间总和）。胜场总时间最多的两支队伍（即获得比赛胜利所需要的时间总和最长的两支队伍）将会进行一轮决胜。比赛的败者将会被视为平局队伍中的最后一名，而胜者要和最高决胜队伍进行一场决胜比赛。第二场决胜局的胜者将会被视为平局队伍中的最高决胜队伍，而败者队伍会被视为平局队伍中的第二名。

√ 选边

决胜局的第一场比赛（也就是两支名次最低的队伍进行的那场比赛）选边由胜场总时间最少的那支队伍决定。第二场比赛的选边由通过轮空晋级本场比赛的队伍来决定，也就是获胜记录高出其他两支队伍的那支队伍，或者是胜场总时间最少的那支队伍。

※ 四队平局

这些队伍将根据各队所有累计胜场总时间进行单败淘汰赛。整个单败淘汰赛期间，各队进行BO1比赛。种子排名将按照在小组赛赢得比赛所用时间最少的队伍来决定。四支队伍将分开进行两场第一轮的比赛，前两场比赛中，1号种子（也就是胜场总时间最少的队伍）将迎战4号种子的队伍（也就是胜场总时间最多的队伍），而2号种子将迎战3 号种子。败者队伍将被淘汰出锦标赛。接下来，第三场比赛的获胜方将成为第一顺位种子，战败方将成为第二顺位种子。

√ 选边

该平局中所有比赛的选边都由胜场总时间最少的队伍来决定。

- 淘汰赛阶段（四分之一决赛、半决赛和决赛）

※ 准备

在小组赛回合之后，每个分组的前两名队伍将会被抽选进入由八支队伍组成的分组中。队伍的种子顺位将由每支队伍在小组赛阶段各自分组内的名次来决定。小组赛阶段1号种子的队伍将迎战另一个分组的2号种子。迎战的分组通过抽签进行随机选择。

※ 四分之一决赛

四场四分之一决赛都会以BO5赛制来进行。同一方两个分组中四分之一决赛的胜者会在半决赛中相遇。

√ 选边

四分之一决赛所有比赛的选边由每场比赛的分组1号种子决定。该支队伍决定第一场、第三场和第五场比赛的选边，而2号种子则会决定第二场和第四场比赛的选边。

※ 半决赛

半决赛由在四分之一决赛的获胜队伍之间进行的两场BO5比赛组成。半决赛每局比赛的胜队将会在进入决赛中相遇。

√ 选边

在半决赛中，选边以掷硬币的方式决定。掷硬币获胜的一方需要在获胜后立刻向全球总决赛官方提交其选边方案。

※ 决赛

赛事最后一轮将由半决赛的获胜者进行一场BO5比赛。最后一轮决赛的获胜者将成为2017年全球总决赛冠军。

√ 选边

在决赛中，选边将以掷硬币的方式决定。掷硬币获胜的一方需要在获胜后立刻向全球总决赛官方提交其选边方案。

- 赛程修改

全球总决赛官方有权决定是否重新安排某一天的赛程调整全球总决赛日的日期、或以其他方式修改比赛赛程。如果全球总决赛的赛程进行修改，全球总决赛官方会尽快通知所有参赛队伍。

（8）抵达演播室

全球总决赛的队伍正式名单当中的成员必须在全球总决赛官方规定的时间前抵达演播室。

（9）裁判

裁判是全球总决赛的官方工作人员，负责判断发生在赛前、赛中以及紧跟赛后发生的比赛相关问题、疑问和情况。他们监管的方面包括但不限于：

※ 赛前检查队伍阵容

※ 检查并监督选手的设备和比赛区域

※ 宣布比赛开始

※ 指挥比赛中的暂停/继续

※ 对于赛中违反规则的行为进行处罚

※ 确认比赛结束以及比赛结果

裁判的行为都应当具有专业性，并以公正的方式进行裁决。而且不得对任何选手、队伍、队伍经理、队伍所有者以及其他个人表示喜爱或偏见。

（10）最终裁决

即使一名裁判做出了不公正的裁决，此裁决在比赛过程中也无法被撤销，因为裁判的决定不可更改。但全球总决赛官方可在赛后自行对裁决进行评估，以判断是否遵循了能够做出公平裁决的正当程序。如果没有遵循正当的程序，全球总决赛官方保留撤销裁判裁决的权力。全球总决赛官方会始终保留全球总决赛期间所有裁决的最终决定权。

（11）比赛版本

全球总决赛将会在7.18版本上进行。全球总决赛官方有权决定是否更改比赛版本。

线上服务器中可用时间不超过两周的英雄将被自动禁用。正在进行重做的英雄将由全球总决赛官方自行判断是否可用。全球总决赛官方有权决定是否禁用任一英雄。2017全球总决赛整届比赛奥恩都被禁用。

- 赛前准备

※ 准备时间

在赛前，选手会有规定的一段准备时间确保他们完全就绪。全球总决赛官方会将准备时间以及时长作为比赛赛程的一部分告知队伍和选手。全球总决赛官方随时可能会更改赛程。选手进入比赛区域后就被认为准备时间开始，在没有得到现场全球总决赛官方人员或裁判以及另外一名全球总决赛官员允许的情况下不得离开。准备工作由以下内容组成：

确认全球总决赛所提供设备的质量

连接设备并进行调试

确认语音聊天系统功能正常

配置符文与天赋

调整游戏内的设置

进行一定的游戏内热身

※ 座位顺序

选手必须按照进入游戏房间的顺序就坐：上路→打野→中路→下路→辅助。这个顺序应当是从选手前方的观众视角从左至右来安排。

√ 设备技术故障

如果选手在准备过程中的任何阶段遇到了任何设备故障，选手必须立即告知全球总决赛官方。

※ 技术支持

全球总决赛官方在准备过程中提供协助，并且解决赛前准备期间遇到的任何问题。

※ 比赛开始时间

在预想状态下，选手遇到的任何问题都会在准备程序的专用时间内解决，比赛将按照预定时间开始。由于准备出现问题而导致的延时是可以接受的，将由全球总决赛官方自行判断。对延迟采取的惩罚将由全球总决赛官方自行衡量。

※ 赛前测试确认

预定的比赛开始前将有不少于10分钟的准备时间，全球总决赛官方将与每一名选手确认准备已经就绪。

※ 选手就绪状态

一旦所有参赛的十名选手都已确认准备完成，选手将不可以更换符文页或者进入热身游戏。

※ 游戏房间创建

全球总决赛官方将决定官方游戏房间的创建方式。测试完成后选手将立刻遵循全球总决赛官方的指引按照如下位置顺序加入游戏房间：上路→打野→中路→下路→辅助。

※ 游戏准备

开始选择/禁用过程。一旦所有十名选手都进入了官方游戏房间，一名全球总决赛官方人员会开始确认双方队伍已经准备好进入选择/禁用阶段（定义与描述见下文）。一旦确认双方准备就绪，将有一名全球总决赛官方人员通知房间所有者开始游戏。

在选择/禁用阶段，教练可以登上舞台并且允许与队伍进行交流。当英雄交换阶段倒数计时到5秒的时候，教练要退出舞台前往指定位置。

记录选择/禁用过程。禁选会通过客户端内的锦标赛征召模式功能完成。如果在游戏准备之前，禁选实质上已经在官方安排及指引下完成，那么全球总决赛官方会记录下正式的禁选结果，并手动中断游戏开始。

- 选择/禁用阶段

锦标赛征召模式。全球总决赛官方会选择锦标赛征召模式或者人工征召（例如，在聊天当中引导征召而非使用游戏内的征召功能）。在征召开始后，每支队伍的先发选手不可被替换。选手可以使用所在队伍征召的任何英雄，但是必须由全球总决赛官方确认。

- 游戏元素的限制

如果任何装备、英雄、皮肤、符文、天赋或者召唤师技能存在已知Bug，或者出于赛事方确认的其他任何原因，全球总决赛官方可自行在赛前或赛中的任何时间提出限制。

征召模式将采取如下的蛇形征召顺序：

蓝方=A；红方=B

禁用：ABABAB

选择：ABBAAB

禁用：BABA

选择：BAAB

- 选边选择失误

如果出现错误的选择或者禁用英雄，犯错的队伍必须在另一支队伍锁定下个选择之前告知全球总决赛官方。此过程将会重新开始，并且恢复到错误发生时之前的状态，这样犯错的队伍就能改正自己的错误。如果在犯错队伍告知全球总决赛官方前，下一个选择已经确定，那么错误的选择将视为无法撤销。

- 英雄交换

队伍必须在交换阶段倒数进行到20秒之前完成所有的英雄交换，否则将在之后的比赛中受到处罚。根据全球总决赛的自行裁定，超过时间可能将无法交换英雄。例如在BO赛最后一局无法做出处罚的情况下，选手必须选择在交换阶段前交换所持有的英雄。

- 选择/禁用后开始游戏

在选择/禁用过程完成后，游戏立刻开始，除非全球总决赛官方有其他的规定。此时，全球总决赛官方会移除比赛区域内的所有印刷制品，包括任何由队伍成员手写的笔记。选择/禁用完成后到游戏读取的这段时间，也就是“自由时间”内，选手不允许退出游戏。

- 受控状态下开始游戏

如果游戏出错或者由全球总决赛官方决定将选择/禁用阶段从游戏阶段中分离出去，

一名全球总决赛的官方人员可以使用可控的手段开始游戏，并且所有的选手将会根据之前有效的选择/禁用过程结果来选择英雄。

- 客户端读取缓慢

如果出现 Bug，断开连接，或者出现其他故障中断了读取进程，阻止选手在游戏开始后加入游戏，那么游戏必须立刻暂停，直到全部十名选手都连接到游戏当中。

- 游戏规则/术语释义

※ 意外断开

由于游戏客户端、平台、网络或者电脑问题，一名选手与游戏失去连接。

※ 故意断开

由于选手的行为（例如退出游戏），一名选手与游戏失去连接。无论这位选手的实际意图如何，任何导致断开的选手行为都会被认为是故意的。

※ 服务器崩溃

由于游戏服务器、比赛服务器平台或者场馆网络不稳定的问题导致所有选手与游戏失去连接。

※ 游戏中止

如果一名选手在没有通知全球总决赛官方或者暂停的情况下故意断开，全球总决赛的官方人员不需要重新开始比赛。在任何暂停或者中断期间，除非经过全球总决赛官方的批准，选手不得离开比赛区域。

※ 指导暂停

全球总决赛官方可以在任何时间自主决定游戏暂停或者控制选手暂停。

※ 选手暂停

选手只可以在以下事件发生后才可以暂停比赛，但是必须在暂停时告知全球总决赛官方，并且阐述原因。可接受的原因包括：

√ 意外断开

硬件或者软件发生故障（例如：显示器断电、设备故障或者游戏出现问题）

选手身体受到干扰（例如：粉丝干扰或者桌椅出现损坏）

选手疾病、伤病或者无法比赛不是可接受的选手暂停理由。在这种情况下，队伍必须提示全球总决赛官方人员，该官方人员将全权处理，进行一次暂停来评估该选手，以确定该选手是否准备、愿意并且能够在一段时间内继续游戏。这段时间由全球总决赛官方决定，但是会限制在几分钟之内。如果全球总决赛官方认定该选手无法在这段时间内继续游戏，那么该选手所在的队伍将会被剥夺游戏的资格。

※ 继续游戏

选手不允许在暂停后自行重新开始游戏。在得到全球总决赛官方的许可，所有的选手都已经被告知而且做好准备，具体依队长在游戏中聊天确定双方都已经准备好继续游戏后，由裁判或现场导播组成的客户端内的观战者取消游戏暂停。

※　擅自暂停

如果在比赛过程中参赛选手因为各种问题，没有与裁判协商而出现擅自暂停的情况，赛事方可以给予选手相应处罚。

※　游戏中止期间的选手交流

出于所有竞技队伍公平竞争的考虑，在游戏暂停期间，选手之间不得以任何方式进行交流。选手可以与裁判进行交流，但前提是为了寻找或解决导致暂停的原因。如果暂停持续了很长时间，裁判可以自行决定是否允许选手在取消暂停前就游戏相关内容进行讨论。

※　Bug

Bug是指导致游戏结果不正确或不正常，或者导致游戏或者硬件设备工作异常的错误、瑕疵、故障或是缺陷。

※　小次要Bug（Minor Bug）

小次要Bug是指包括硬件故障在内，在最坏的情况下只会对选手造成不便的Bug。其中包括能够对比赛数据和游戏机制产生造成改变，但是在必要的情况下，可以勉强将比赛继续进行下去的Bug。

※　可继续非阻断Bug（Player Through Bug）

非阻断可继续Bug是指不会大幅改变比赛竞技完整公平性的Bug。这可能意味着如果Bug 难以绕过，可以采取某些缓解措施来解决（如果没有缓解措施则比赛难以继续）。缓解措施如重启游戏客户端或者电脑。另外，这其中可能还包括可以通过其他游戏内的功能来缓解 Bug 影响的情况。

※　意外的硬件意外故障

意外的硬件意外故障是指包括服务器故障、显示器或者电脑故障，或者选手外设故障在内的任何一种硬件故障。不包括由选手故意诱发的任何硬件故障，其中包括对某位选手的外设造成故意损伤或是毁坏，对显示器造成的损坏，或是某位选手对某台电脑进行干预。全球总决赛官方可以自行裁定硬件故障是否人为有意造成。

※　致命严重Bug（Critical Bug）

致命严重Bug是指包括硬件意外故障在内，会大幅损害某位选手在比赛环境中的竞技能力、大幅更改比赛数据或者游戏机制的Bug，或者某种正常的外部环境条件难以维系的情况。全球总决赛官方可以自行决裁定 Bug是否损害了某位选手的竞技能力。

※　可确认Bug（Verifiable Bug）

可确认Bug是指确定存在而并非由选手错误导致的Bug或者致命严重Bug。观战者必须能够重现有问题的副本情况，并核实该Bug或者致命严重Bug。

※ 中止情况（Terminal Situation）

中止情况是指需要进行重赛的Bug或者其他情况。这些情况分别为无法通过时空断裂解决，或者无法恢复游戏的致命严重Bug和无法通过时空断裂来修复或避免的Bug，包括可能需要禁用相应的英雄或皮肤的Bug；或者任何其他经过全球总决赛官方裁定，包括环境问题和灾难性的硬件故障在内的比赛无法维系的情况。

※ “死球”状态（“Dead-ball”State）

“死球”状态是指比赛双方队伍彼此均没有产生紧密的交战重度或紧密互动的时间点。但是在某些时候轻微的交战互动也可能构成“死球”状态。

为了重现“死球”状态，官方应该尽量确定一个尽可能接近Bug出现的时间点，如果游戏需要回溯到双方互动（例如交战）之前，官方会尽量选择一个双方战队在可能的互动发生前大约2秒的时间点，同时提供一个在可能的交战发生前大约2秒的窗口，然后才能将游戏回溯到双方队伍交战的时间点。这么做的目的是找出一个双方依然可能但并非必须产生互动交战的时间点。

完美的“死球”状态可能并不存在。在这种情况下，首要的目的便是优先找出一个尽可能接近 Bug 出现，同时双方又没有产生紧密交战互动的状态。比如，过多回溯距离 Bug 出现太远的时间可能会消耗一支队伍所做的团战准备，包括守卫视野布置、线上兵线压力和夹击包抄等。

※ 代价（Cost）

所有选手角色死亡，战略目标被拿下或者冷却时间不低于110秒的1级终极技能（R技能）的使用（无论 Bug 发生时终极技能的等级或者冷却时间是多少不纳入考虑），冷却时间不低于110秒（在没有天赋或其他道具冷却时间减免情况下）的基础召唤师技能或道具的使用，没有天赋或其他道具冷却时间减免的情况下冷却时间不低于110秒的道具使用。全球总决赛官方认为，为了遵守本规则而在正常的比赛游戏行为以外故意使用终极技能或召唤师法术等以构成触发本条例的条件的行为，将不会构成使用时空断裂的代价。全球总决赛官方对此拥有裁决权。尽管视野（放置或摧毁守卫）和被击杀掉的小兵农兵等其他因素在比赛中都有一定的价值，但它们的重要性并不会重要到足以达到让官方考虑影响是否要使用时空断裂的水平。

※ 即时报告（Prompt Report）

一旦某位选手注意到一个Bug（包括可能的硬件故障），该选手需要在可行的时间通过下面列出的方法之一尽快暂停游戏，并向全球总决赛官方通报该Bug。这些方法是：

√ 通过/pause 指令暂停比赛

√ 通过音频语音交流要求一名队友暂停

√ 向一名裁判发起暂停比赛的请求

如果某位选手口头请求一名裁判暂停比赛，就算比赛没有立刻暂停，该选手依然会被视为在暂停可行的时间内请求了一次暂停。另外，当两支队伍在进行交战时发现 Bug 可能无法立刻进行暂停，在这种情况下，全球总决赛官方可以认定直至交战结束前的之前暂停游戏是不可行的。

※ 游戏纪录（Game of Record）

游戏纪录指的是一局游戏的十名选手都已加载，而且进行到与对方队伍进行了有意义的互动的时间点。某局游戏一旦确立了游戏纪录（GOR），允许由于意外事件重新开始的时期就已经结束，并且游戏从这一时间点往后将被认为是“正式比赛”。可以确立GOR的条件有：

√ 任何攻击或者技能命中小兵、野怪、建筑物或者敌方英雄

√ 选手在兵线上获得了对方队伍的视野

在比赛期间的任何时候，如果游戏发生了Bug，全球总决赛官方必须首先确定选手是否遵循了暂停程序。如果比赛及时暂停，全球总决赛官方接下来必须确定该Bug是否为可确认Bug。如果该Bug属于可确认Bug，全球总决赛官方接下来必须确定该Bug属于小Bug次要bug、致命严重Bug还是中止情况。

√ 小Bug次要bug

如果该Bug是一个小Bug次要bug，并且不属于非阻断可继续Bug，全球总决赛官方必须确定合适的死球状态，以及使用时空断裂回滚到死球状态是否会产生相关的代价。如果回滚到该死球状态该小Bug会产生相关代价，那么时空断裂将不可用，选手会被告知继续进行比赛。

如果该小Bug次要bug不会产生相关代价，全球总决赛官方必须确定时空断裂是否能够修复比赛；以及将比赛回滚到早前的状态是否会修正该Bug；或者能否避免再次触发该Bug的触发环境或条件。如果时空断裂无法修复比赛，或者将比赛回滚到早前的状态无法修正或是避免Bug，或者该Bug是非阻断可继续Bug，那么时空断裂将不应该被使用，并且选手会被告知继续进行比赛。

如果全球总决赛官方确定可以使用时空断裂，那么全球总决赛官方就要确定该小Bug次要bug是否对其中一方或双方产生了显著的不利。任何一支遭受显著不利的队伍将会获得使用时空断裂回溯比赛的机会，不过死球状态的比赛时点不会预先告知该队伍。如果两支队伍都遭受了显著的不利，任何一支队伍申请使用时空断裂，都会激活时空断裂的使用。

如果任何一支遭受显著不利的队伍申请使用时空断裂，全球总决赛官方将会利用时空断裂把比赛恢复到一个合适的死球状态下。如果不存在这样一个合适的死球状态，那么根

据全球总决赛官方的裁定，选手仍会被放回到 Bug 发生前的一个恢复点中。

√ 致命严重Bug

如果出现了一个致命严重Bug，并且该致命严重Bug不属于非阻断可继续Bug，全球总决赛官方必须确定时空断裂是否能够修复比赛；以及将比赛回滚到早前的状态是否会修正该Bug；或者能否避免该Bug的触发环境或条件；或者避免再次触发该Bug。

如果时空断裂无法修复比赛，或者将比赛回滚到早前的状态无法修正或是避免Bug，那么该Bug 则会构成中止情况。

如果出现了一个致命严重Bug，那么全球总决赛官方就要确定该致命严重Bug是否对其中一方或双方产生了显著的不利。任何一支遭受显著不利的队伍将会获得使用时空断裂回溯比赛的机会，不过死球状态的比赛时间不会预先告知该队伍。如果任何一支遭受显著不利的队伍申请使用时空断裂，全球总决赛官方将会试图寻找 Bug 发生之前的一个合适的死球状态。如果不存在这样一个合适的死球状态，那么根据全球总决赛官方的裁定，选手仍会被放到 Bug 发生前的一个恢复点中。

√ 中止情况

如果发生了一个中止情况，全球总决赛官方应该遵循以下的重赛程序，在GOR 前重新开始。以下是GOR确立前游戏可以重新开始的一些情况：

» 如果一名选手注意到符文、天赋或者图形界面由于游戏房间和比赛之间产生的 Bug 没有正确应用，选手可以暂停游戏调整这些设置。如果这些设置无法调整至正确，游戏可以重新开始

» 如果全球总决赛官方认定出现的技术难题使得游戏无法正常继续（包括队伍能否出现在适当的位置上准备特定游戏事件，如小兵刷新等）

※ GOR 后重新开始

以下是GOR确立之后游戏可以重新开始的一些情况的例子：

如果游戏在比赛的任何一个时间点发生了中止情况。

如果有全球总决赛的官方人员认为比赛环境条件有失公平（例如：现场过度嘈杂、天气恶劣、无法接受的安全风险等）。

※ 重赛程序

全球总决赛官方会确定该Bug是否对其中一方或双方产生了显著的不利。任何一支遭受显著不利的队伍将会获得使用时空断裂回溯比赛的机会。如果任何一支遭受显著不利的队伍接受重赛，那么游戏将立即按照规则重新开始。只有遭受到显著不利才能获得重赛的机会。

※ 可控的环境

如果需要重新开始的游戏没有达到GOR状态，某些条件将可以被保留下来，包括但不限于：选择/禁用结果或召唤师技能。如果比赛已经达到GOR状态，那么全球总决赛官方不得保留任何设定。

※ 英雄和皮肤禁用

如果重赛是由于英雄Bug造成的，那么无论游戏记录是怎样的，该场比赛的设定都将不会被保留（包括选用和禁用）。该英雄至少在当日比赛的剩余时间内会被禁用，除非该Bug确定和某个可以被完全移除的特定游戏元素有关（比如可以禁用某一个皮肤）。

※ 硬件失灵

如果出现任何一种硬件失灵的情况，全球总决赛官方应该确定硬件失灵是否会构成小Bug次要bug，比如显示器断电；某位选手直接走进了敌方的防御塔下；是否会构成致命严重Bug；比如键盘不工作失灵，导致某位选手死亡；或者是否会构成中止情况，比如游戏服务器崩溃。随后全球总决赛官方应该遵循上述的相应标准来采取措施。

※ 自由裁量权

根据全球总决赛官方的绝对自由裁决权，如果全球总决赛官方认为有必要使用时空断裂或者重新开始比赛来保证全球总决赛的最大利益，那么全球总决赛官方有权在任何时间使用时空断裂，或是重新开始任何一场比赛。

※ 判定获胜

如遇导致全球总决赛官方宣布重新开始游戏的技术难题，全球总决赛官方也可能直接判定一方队伍获胜。如果游戏时间已经超过20分钟，全球总决赛官方可以自行认定，在一定程度上可以确认某支队伍将会无可避免地失利。以下标准将可以用于（但并非作为必须条件）决定这种确认：

√ 经济差距。双方的经济差距大于33%

√ 剩余防御塔数目差距。双方剩余防御塔的数量差距大于7个

√ 剩余召唤水晶数目差距。双方剩余召唤水晶的数量差距大于2个

※ 结果

全球总决赛官方会确认并记录游戏结果。

※ 技术记录

选手将与全球总决赛官方确定任何技术问题。

※ 休息时间

全球总决赛官方可以自行决定是否登录一名选手的账号并加入游戏房间。每局比赛之间的标准时间为12分钟，从水晶枢纽爆炸开始计算，到选手必须就坐为止。具体的时间将由裁判来告知教练和选手。当所有选手就坐后，选择/禁用阶段就会开始。如果在裁判规定的时间选手没有就坐并做好选择英雄的准备，队伍将会由于拖延比赛而受到处罚。

※ 弃权的结果

通过对手弃权取胜的比赛，获胜方将会按照这场比赛获胜的最大分差取胜（例如：BO1为1-0，BO3为2-0，BO5为3-0）。弃权的比赛不会记录其他数据。

※ 下场比赛

选手会被告知他们目前在赛事中的排名，以及下场预定的比赛。

※ 赛后义务

选手会被告知一切赛后义务，包括但不限于：出席媒体活动，接受采访以及任何比赛相关事宜的深入讨论。队伍需要为媒体留出至少20分钟的时间，并且让至少一位当日进行过一场比赛的选手到场。

※ 合谋

合谋的定义是两名或以上选手、教练、队伍达成协议，使对立选手处于不利局面。

※ 串通比赛

也就是两名或两名以上选手达成协议，不在游戏中阻止对手，或是没有在游戏中以合理的标准进行竞争。

向一名同谋者发送或接收暗号、电子信号或者其他东西，反之亦然。

由于奖金或其他任何理由，有意在某局游戏中失利，或是唆使其他选手如此行动。

※ 竞技公平性

任何队伍都应在全球总决赛的游戏中时刻秉持良好的体育精神，尽全力参加比赛，始终保持诚实，并保证公平游戏的原则不被破坏。值得注意的是，在判定是否违反此规则的时候，队伍阵容以及选择/禁用阶段是不在考虑范围之内的。

※ 黑客行为

黑客行为的定义是任何选手、队伍或者代表选手或队伍的个人对游戏客户端做出任何修改。

※ 利用漏洞

利用漏洞的定义是故意使用任何游戏内的Bug以获得优势。包括但不限于如下举动：购买装备时的小故障，与中立野怪互动中的小故障，英雄技能表现中的小故障或者任何由全球总决赛官方认定的、没有按照预期运作的游戏功能。

※ 窥屏

观看或者试图观看观战者屏幕。

※ 代打

使用其他选手的账号比赛或者教唆、怂恿及指引其他人使用另一名选手的账号进行游戏。

※ 作弊设备

使用任何种类的作弊设备及作弊程序。

※ 故意断开

在没有正当以及明确阐明原因的情况下故意断开连接。

※ 亵渎及仇恨言论

队伍成员不得使用淫秽的、侵犯他人的、粗俗的、无礼的、威胁性的、辱骂的、诽谤的、中伤他人的、具有攻击性的或者令人厌恶的语言；也不得在比赛区域中或附近，在任何时候采取鼓动、煽动仇恨或歧视他人的行为；队伍成员不得使用任何全球总决赛及其签约队伍提供或者允许使用的工具、服务以及设备以发表、传播、散布等形式宣扬上述言论或信息；队伍成员不得在社交媒体或者直播等任何公开会见活动上使用此类语言。

※ 干扰/无礼行为

队伍成员不可以对其他队伍成员、粉丝，或官方人员采取任何动作或者做出任何手势，也不可以煽动任何他人做同样的行为，包括：嘲笑、干扰以及敌视行为。

※ 侮辱行为

对全球总决赛官方、其他队伍成员或者观众的侮辱是无法容忍的。包括但不限于：接触其他选手的电脑、身体以及财产的，将会受到处罚。队伍成员以及他们的嘉宾（如果有）必须有礼貌地对待所有参加比赛的个人。

※ 演播干扰

任何队伍成员都不可以接触或者以其他方式干扰灯光、摄像机以及其他演播设备。队伍成员不可以站在椅子、桌子或者其他的演播设备上。队伍成员必须遵循全球总决赛演播人员的所有指示。

※ 未经许可的通信

所有的移动电话、平板电脑以及其他支持语音及“能发声”的电子设备，必须在比赛开始前从比赛区域中移除。选手在比赛区域中不可以发送短信、电子邮件，或是使用社交媒体。比赛期间，先发选手的交流仅限于先发选手队伍的成员之间。

※ 服装

队伍成员可以穿着带有多个标识或者宣传语言的服装。全球总决赛随时保留禁止会引起歧义或冒犯他人服装的权力，包括：

√ 含有对任何产品、服务以及言论所做出的虚假的、未被证实的或者无根据的言论，全球总决赛将行使唯一且绝对的自由裁量权。
√ 为任何非“非处方”药品、烟草产品、火器、手枪或者军火所做的广告。
√ 含有任何在全球总决赛区域被认定为非法活动。包括但不限于：煽动、协助或者宣传赌博行为的彩票或企业、服务或产品。
√ 含有任何诽谤的、淫秽的、亵渎宗教的、粗俗的、令人厌恶的或带有攻击意味的内容，或者是形容描述任何身体内在机能或内部因素导致的症状，或是涉及到不被公众认为是可接受话题的事项。
√ 为任何色情网站或者色情产品做广告。
√ 包含任何商标、受版权保护的内容或者在没有得到所有者同意前便使用的其他著作权内容，或者会令全球总决赛及其附属机构造成任何侵权、滥用以及其他形式不正当竞争的内容。

√ 诽谤或者中伤任何其他队伍、选手、任何其他个人、实体及产品。

对于没有遵循上述服装规则的队伍成员，全球总决赛保留拒绝其进入场馆或者继续参加比赛的权利。

※ 身份

选手不可以遮挡他人的脸部，或者采取任何试图向全球总决赛官方隐瞒其身份的行为。全球总决赛官方必须可以在任何时候辨别出每名选手的身份，并且可以命令选手移除任何会妨碍选手身份辨认或者会分散其他选手或全球总决赛官方注意力的事物，不允许佩戴帽子。

※ 不专业的行为

遵循规则的义务。除非另有明确规定，侵犯或者违反这些规则是可以进行处罚的，无论是否有意为之。尝试违反或者侵犯规则也可能遭受处罚。

※ 骚扰行为

骚扰行为是被禁止的。骚扰的定义是，在相当一段时间内有计划地、恶意地并且反复地采取行为，也可能是一次过激的行为，目的是孤立或排挤某人，或是对他人的尊严造成恶劣影响。

※ 性骚扰

性骚扰是被禁止的。性骚扰的定义是不受欢迎的性企图。衡量的标准在于当事人是否认为此举不受欢迎或者有冒犯的意味。对于任何性威胁、性强迫或者许诺以利益交换与性有关的恩惠行为都是绝对不可容忍的。

※ 歧视与诋毁

队伍成员不得由于种族、肤色、人种或者社会出身、性别、语言、宗教信仰、政治立场或者其他任何观点、财务状况、血缘或者其他任何地位、性取向或者其他任何原因，通过侮辱、歧视或诋毁言辞或行为冒犯国家、个人或者团体的尊严及完整性。

关于全球总决赛、拳头游戏以及英雄联盟的相关队伍成员不得进行制造、发表、授权或者签署任何对旨在全球总决赛、拳头游戏或其附属机构或《英雄联盟》最大利益有不利影响或损害的陈述。全球总决赛有权对此进行裁定。

※ 裁决委员会惩罚

如果一名队伍成员被认定违规并受到了拳头游戏裁决委员会的处罚，全球总决赛官方可以全权决定是否进行额外的竞赛惩罚。

※ 选手行为调查

如果全球总决赛官方或者拳头游戏认定队伍成员违反了召唤师准则、英雄联盟服务条款或者其他英雄联盟规则，全球总决赛官方可以全权决定是否进行惩罚。如果全球总决赛官方联系队伍成员，就调查问题展开讨论，队伍成员有义务叙述实情。如果队伍成员隐瞒信息，或者误导全球总决赛官方人员阻碍调查，那么该队伍或队伍成员将会受到处罚。

※ 犯罪活动

队伍成员不得参与任何法律、法规、规定所禁止的，以及会导致或者有可能会被拥有合法管辖权的法庭认定有罪的活动。

※ 有悖公德的行为

队伍成员不得参与任何被全球总决赛官方认为是不道德的、可耻的，或者是有悖于传统道德准则的行为。

※ 保密义务

队伍成员不得以任何通信手段，包括全部的社交媒体渠道，公开任何由全球总决赛或者拳头游戏任何相关人员所提供的保密信息。

※ 贿赂

任何队伍成员不得向任何选手、教练、管理人员、裁判、全球总决赛官方、拳头游戏员工或另一支总决赛参赛队伍的相关人员通过礼物或礼金等形式换取击败某战队或被某战队击败的承诺和要求。

※ 禁止挖人及干涉

任何队伍成员或队伍相关人员都不得招揽、引诱或者为已与任何全球总决赛队伍签订合约的任何队伍成员提供合约，也不可以怂恿任何此类队伍成员违约或者以其他形式与上述队伍终止合同。正式教练或选手不得劝诱某支队伍违反本规则。正式教练或选手可以公开表达离开队伍的意愿，并且鼓励任何有关方面联系其管理人员。正式教练或选手不得直接诱使队伍与其管理人员联系，或是企图触犯其合同义务。违反此规则将会受到由全球总决赛官方自行决定的惩罚。

※ 礼物

任何队伍成员不得接受礼物、礼金或者报酬以换取与比赛竞技有关的承诺和要求，其目的在于击败或者尝试击败其他队伍，或者放弃比赛或是假赛。此规则唯一的例外是队伍的官方赞助商和所有者根据比赛表现向队伍成员提供的报酬。

※ 拒绝服从

任何队伍成员不得拒绝或者不听从全球总决赛官方的指令或决定。

※ 假赛

任何队伍成员以及全球总决赛官方人员都不得直接或者间接地参与任何与全球总决赛游戏、比赛或者赛事结果有关的投注与赌博。

※ 文件或其他要求

整个全球总决赛期间，全球总决赛官方可能会在不同时期要求队伍提供文件或其他合理的物品。如果文件资料不符合全球总决赛官方所制定的标准，那么队伍有可能会受到处罚。如果在规定的时间内，全球总决赛官方没有收到要求提供的文件或者物品，或者收到的文件或物品不符合全球总决赛制定的标准，那么队伍将会被予以处罚。

※ 涉及赌博

任何队伍成员以及全球总决赛官方人员都不得直接或者间接地参与任何与全球总决赛游戏、比赛或者赛事结果有关的投注与赌博。

※ 受到处罚

任何参与或者试图参与构成不正当游戏的行为将会受到处罚，全球总决赛官方有权对此作出裁决。此类行为导致的处罚的性质及程度将由全球总决赛官方全权进行裁定。

※ 处罚

任何队伍成员被证实违反上述任何规则后，全球总决赛官方将采取下列处罚：

√ 口头警告

√ 失去目前或者未来游戏选边的资格

√ 失去目前或者未来游戏禁用的资格

√ 罚款以及/或者没收奖金

√ 游戏弃权

√ 比赛弃权

√ 禁赛

√ 取消参赛资格

多次违反规则将提升所受处罚的力度，直至取消将来全球总决赛的参赛资格。应当注意的是，上述处罚并不总是逐级提升的。例如，全球总决赛官方可以自行裁定，在某选手第一次违反规则时便取消其参赛资格。只要该选手行为的恶劣程度足以被全球总决赛官方取消其参赛资格。

※ 发表权

全球总决赛官方有权发表声明宣布某队伍成员受到了处罚。此类声明中所涉及任何队伍成员及/或队伍将被视为放弃任何针对英雄联盟冠军联赛有限责任公司、拳头游戏股份有限公司以及其母公司、子公司、相关人员、雇员、经纪人或者合约方采取法律行为的权利。

※ 最终决定权

所有涉及本规则、选手资格、全球总决赛的日程及阶段安排的解释，以及对不端行为的处罚的决定权完全属于全球总决赛官方，且决定不会更改。全球总决赛官方不接受任何关于上述决定的申诉，也不接受任何赔偿或者其他补救方法。

※ 规则变动

全球总决赛官方可以随时对此规则进行修订、改动或者补充，旨在确保全球总决赛的公平竞争及完整性。

※ 全球总决赛的最大利益

全球总决赛官方会随时行使必要的权力以保证全球总决赛的最大利益。全球总决赛官方有权对任何其行为不在全球总决赛最大利益范围内的实体采取任何处罚手段。

四、《星际争霸2》大赛介绍

由于多种原因，《星际争霸2》的单项赛事较少。在此回顾一下2012年的《星际争霸2》大赛。

事实上，在2012年的世界电子竞技圈内，《星际争霸2》可谓是赚足了眼球，各大赛事无一不将其列入正式比赛项目，甚至有人将2012年称为“星际争霸2之年”。

在韩国《星际争霸2》的第一个联赛是在2012年，它是世界上最知名的联赛之一，我们熟知的韩国联赛，SPL、OSL也在向《星际争霸2》转型，也给我国的《星际争霸2》的比赛进行了很好的铺垫。

GSL在2012年共诞生了五位冠军，其中种族分别是虫族（longracgiu），人族（Mvp），神族（Sed），虫族（life），虫簇（Sniper）。

五、守望先锋大赛介绍

《守望先锋》泛亚太超级锦标赛（简称《守望先锋》，APAC），是由香蕉游戏传媒主办、暴雪娱乐官方授权的在华首个大型线下比赛，总奖金池165万元人民币。整个赛事分为中国区线上预选赛、中国区资格赛和国际对抗赛三个阶段，汇集中、美、日、韩顶尖战队，是一场属于《守望先锋》的电子竞技盛宴。

作为2017年度最值得期待的守望先锋赛事之一，APAC云集了12支代表了目前《守望先锋》最顶级水平的世界级强队，争夺APAC的最高荣誉。另外，每年夏季赛的冠军将作为LPL赛区的一号种子直接进入全球总决赛，每年积分最高的队伍将作为二号种子晋级《守望先锋》全球总决赛。

1.《守望先锋》联赛

《守望先锋》联赛是全球首个以城市战队为单位的大型电子竞技联赛，旨在通过暴雪娱乐的热门游戏《守望先锋》，共襄电子竞技巅峰盛举。目标是打造世界一流的电子竞技联赛，助力职业战队和选手不断茁壮成长。

整场联赛分为季前赛、常规赛、季后赛以及全明星赛。

- 季前赛（2017年12月7日～12月10日）

12月7～10日，第一赛季的总共12支队伍在洛杉矶暴雪竞技场展开现场直播的表演赛，从而揭开季前赛的序幕。之后开始紧张的筹备，迎接2018年1月11日的开赛日。

- 常规赛（2018年1月11日～6月17日）

大西洋和太平洋分区的赛事从每周四到周日在暴雪竞技场上演。常规赛分成四个阶段，队伍在各阶段赛中的胜负情况将计入赛季成绩，决定进入季后赛的排位。各支顶尖队伍将在每轮阶段赛的最后一个星期日争夺高额奖金和阶段赛冠军的头衔。

- 季后赛（2018年7月12日～7月29日）

阶段赛结束后，每个分区的优胜队伍将进入季后赛的战场，于7月12日～23日向着总决赛冲刺。总决赛将于7月27日～29日举行，最终获胜的队伍将赢得本赛季《守望先锋》联赛总冠军的头衔和奖杯，并赢得100万美元的奖金。

- 全明星周末（2018年8月11日～13日）

在《守望先锋》联赛第1赛季的紧张角逐之后，深受社区玩家喜爱的选手通过意想不到的挑战，为观众们带来整个周末的娱乐盛宴。

2.《守望先锋》世界杯

《守望先锋》世界杯是暴雪娱乐主办的，以国家为单位的《守望先锋》赛事。国家队队员通常由玩家和组委会以投票的方式产生，比赛分为预选赛或分区小组赛，最终的决赛队伍将在每年11月的暴雪嘉年华上进行最终的角逐。

2017年暴雪娱乐继续举办《守望先锋》世界杯，该年度赛事有更多国家和地区参与，以及会有更多比赛和更多现场活动。

从2017年3月起，暴雪娱乐追踪每个国家及地区前100名玩家的竞技等级，以此来判断各国及地区的平均水平。随后在4月份，根据以上平均等级在全球范围内选出前32个拥有顶级选手的国家及地区参加线下资格赛。这些国家和地区以每8支队伍为一小组，争夺在2017暴雪嘉年华中登场的机会。

在选出32个参赛国家及地区后，来自这些国家和地区的选手将一起组建各自国家及地区的2017《守望先锋》世界杯代表委员会。每个国家/地区的委员会将由3 名该国家及地区的专家组成，负责推荐各阶段赛事（包括暴雪嘉年华现场的决赛）的参赛名单。委员会依据选手的配合程度、英雄池以及比赛战绩等因素来选拔代表队阵容。

代表委员会的选拔流程包括两个阶段：首先，为各参赛国家及地区选出最初10位委员候选人，他们将是各相关领域内的专家，包括分析师、教练、数据专家以及《守望先锋》电子竞技领域中的权威人士。然后，这些国家及地区的玩家将投票选出代表委员会成员。

在确定32个参赛国家及地区后，投票活动将在4月份随之展开，只有拥有投票资格的玩家才能参与。

观众无需亲自前往加州观看《守望先锋》世界杯比赛。由玩家参与选出的32支代表队在夏天参加在欧洲、北美和亚洲地区举办的4场线下资格赛（小组赛）。每一场小组赛，都有8支队伍在为期一周的时间内激烈交锋，而每组前两名自动晋级2017暴雪嘉年华现场的《守望先锋》世界杯决赛。玩家可以在线免费收看赛事直播，并且从5月起，出售数量有限的现场门票，可以亲临现场为支持的队伍加油助威。

需要注意的是，小组赛的赛场上可能并没有来自赛事举办地区的队伍，并且赛事委员会有权调整各阶段赛事的参赛阵容。

六、《炉石传说》大赛介绍

1.《炉石传说》世界锦标赛

该项赛事是由暴雪官方主办的《炉石传说》世界级的最高水平比赛，2017年世锦赛总决赛是猛犸年的顶级赛事，并为2017年《炉石传说》世界锦标赛收官。

2017年《炉石传说》世界锦标赛总决赛于2018年1月18日～20日在荷兰阿姆斯特丹举行，共有16位从2017《炉石传说》世界锦标赛各赛季季赛中脱颖而出的顶尖选手为争夺冠军荣誉展开对抗，Jason Zhou和Omega Zero代表中国赛区参与冠军角逐。

《炉石传说》世界锦标赛总决赛经过4天的激烈角逐，最终来自中国台湾地区的Tom60229以3-2的战绩击败 Fr0zen，夺得冠军。

2018年《炉石传说》世界锦标赛由三个赛季组成，每个赛季，美洲赛区、欧洲赛区、亚太赛区和中国赛区分别派出四位选手，这16位顶尖选手在赛季决赛中争夺高额的赛事奖金以及4张通往2018《炉石传说》世界锦标赛总决赛的门票。2018《炉石传说》世界锦标赛总决赛的最后4个名额，则根据赛事积分决定。

2.《炉石传说》系列黄金赛

该项赛事旨在让更多实力超群的玩家有机会进入到职业赛事体系中，让成绩优异的职业选手能拥有更多锻炼机会，以及更加丰厚的奖励。

在随后的一年中迎来的两次黄金超级联赛，以及一次黄金总决赛，这三项赛事中的前4名选手分别获得2018《炉石传说》世界锦标赛第一至第三赛季的参赛名额。而参加2018《炉石传说》世界锦标赛总决赛的最后一个名额则由黄金积分最高的一位玩家获得。

2018黄金超级联赛第一赛季前4名的选手，获得《炉石传说》世界锦标赛第一赛季参赛名额；2018黄金超级联赛第二赛季前4名的选手，获得《炉石传说》世界锦标赛第二赛季参赛名额；2018黄金总决赛前4名的选手，获得《炉石传说》世界锦标赛第三赛季参赛名额。

黄金超级联赛的参赛名额也进行了一些调整。每次黄金超级联赛都拥有16名参赛选手，他们由前一次黄金超级联赛中成绩最好的8位选手（2017黄金总决赛《炉石传说》项目的8位参赛选手获得2018黄金超级联赛第一赛季的参赛名额），以及黄金积分最高的8位选手组成。

为了保证选手在取得2018《炉石传说》世界锦标赛第一至第三赛季的参赛名额后，能在登上国际赛场时拥有足够的赛事经验和更成熟的临场反应，现在黄金超级联赛每个赛季的前4名选手需要参加黄金公开赛或是国际挑战赛（如中欧对抗赛）的历练，取得丰富经验后再前往世锦赛赛场，与来自全球的高手一较高下。

黄金系列赛包括有黄金国际挑战赛中美擂台赛、黄金公开赛、黄金超级联赛、黄金世俱杯等。

七、《绝地求生》赛事介绍

1. 《绝地求生》 G-Star亚洲邀请赛

该项赛事创立于2017年，是韩国举办的全亚洲电子竞技赛事。《绝地求生》G-Star亚洲邀请赛于2017年11月17日～19日举办，此次赛事是亚洲地区最高级别、最大规模的《绝地求生》线下赛事。

此次邀请赛的参赛团队来自亚洲各国，总计有20支队伍80名成员，分别有个人赛、双人赛以及小组赛的比赛模式，最终决出亚洲最强的"吃鸡"团队。iFTY战队、OMG战队、YQHP（后改名4AM）战队、Armani战队，MMG（后改名Panda）战队和wNv战队共6支队伍代表中国出征。

值得一提的是，由直播平台YY赞助的iFTY战队和OMG战队都取得了不俗的成绩：SOLO赛第二场，机场往 S 城航线，决赛圈YY赞助战队OMG的M4奋勇抢下天命圈厕所，最终凭借位置优势加准确判断拿下中国军团G-Star"第一鸡"，"护国神厕"建功立业。

2. 科隆ESL 《绝地求生》国际邀请赛

科隆 ESL《绝地求生》国际邀请赛，创立于2017年，是一个全球性的电子竞技赛事。由Bluehole和ESL 主办，奖杯为黄金平底锅。

《绝地求生：大逃杀》的首届全球邀请赛在德国科隆举行。金士顿旗下品牌Hyperx成为首届比赛的赞助商。高世界排名选手和知名选手各占一半，来自世界各地的80名知名选手争夺35万美元的总奖金。这是《绝地求生》目前最大的奖金池，电子竞技得到了主流媒体和社会大众的认可。

ESL《绝地求生：大逃杀》邀请赛于8月23日在德国科隆正式开赛。在第一天的Sollo赛中，来自全球的100位顶尖玩家进行三轮比拼，最后"吃鸡"王者的人选由三轮比赛的总积分决出。最终由韩国选手"拦路猪神"EVERMORE以790的总分摘得冠军，获得5万美元奖金，以及一口金色平底锅。遗憾的是，在此次国际邀请赛当中，出征国外"吃鸡"的4位中国选手没能进入前十。

第七章

电子竞技俱乐部

第一节　俱乐部联盟

一、概述

中国电子竞技俱乐部联盟是由中国多家顶级电子竞技俱乐部共同组建的ACE联盟。2011年11月，在众多俱乐部涌现又消失之后，为了解决各俱乐部之间的利益冲突而成立。

二、管理团队

联盟秘书长：WE电子竞技俱乐部 裴乐（King）
副秘书长：iG电子竞技俱乐部 王棋（Knight）
副秘书长：DK电子竞技俱乐部 彭孛（Farseer）
联盟成员：天禄电子竞技俱乐部 俞浩（鬣人）
联盟成员：LGD电子竞技俱乐部 潘婕（RURU）
联盟成员：PanDarea电子竞技俱乐部 刘源（Efeng）
联盟成员：AgFox电子竞技俱乐部 潘书立（ZQ）
联盟成员：ForLove电子竞技俱乐部 刘培（卡卡）
联盟成员：DT_Club电子竞技俱乐部 万万（刀刀）
联盟成员：同福电子竞技俱乐部 佟鑫（CuZn）
联盟成员：TBs电子竞技俱乐部 李斌（Bsam）
联盟成员：AY电子竞技俱乐部 魏晓峰（aLince）

三、成立背景

在2003年电子竞技项目被列为第99个体育项目之后，我国电子竞技发展状态一直不太理想，俱乐部的快速涌现与消失再加上国内赛事的不成熟与不规范，赞助商逐渐失去了对电子竞技项目的热情，这成为该联盟成立的主要原因。

玩家一直期待国内出现类似于韩国KeSpa这样的组织负责国内电子竞技的运营。在苦苦等待8年之后，一个由国内电子竞技俱乐部自发组建的电子竞技联盟——中国电子竞技俱乐部联盟（Association of China E-sports，ACE）应运而生。

四、职业联赛

2012年5月23日，电子竞技俱乐部联盟DOTA职业联赛（简称ACE DOTA职业联赛）启动仪式在北京万达索菲特大酒店隆重举行。

本次联赛由电子竞技俱乐部联盟与著名游戏电视媒体GTV游戏竞技频道携手打造，同时获得了AMD和迅游两家知名企业的大力支持。联赛于5月28日开始，为期三个月，通过电视、网络、手机等全平台进行全程同步直播，吸引全国数亿电子竞技爱好者观看，本次联赛成为电子竞技历史上的里程碑。

ACE DOTA职业联赛还计划利用长期的赛事过程打造具有良好社会效应和市场价值的电子竞技选手，通过明星效应提升赛事整体影响力，形成我国电子竞技快速发展的良好局面。全力打造具有国际影响力的赛事品牌及营销平台，全面带动和促进我国IT、数字娱乐、通信等诸多产业的快速发展，以及相关企业高新技术产品的研发、生产，实现多方共赢。联赛在规模、水平及影响力等诸多方面都具有划时代的里程碑意义。

第二节 国内知名俱乐部

在2017年，英雄联盟宣布了联盟化与主客场的改革计划，随着2017冬季转会期的结束，各大俱乐部也先后公布了俱乐部最新成员名单。与此同时，2018英雄联盟职业联盟最新14位成员名单也已确认，俱乐部以及相关介绍如下。

2018英雄联盟职业联赛

2018年，LPL开启主客场对战模式，三支俱乐部LGD、Snake、OMG分别在杭州、重庆以及成都陆续开启新的电子竞技进程。

1. 2018英雄联盟职业联盟成员名单

- LGD Gaming（LGD）

LGD电子竞技俱乐部（LGD Gaming）成立于2009年，现为LPL联盟成员之一，俱乐部logo标志以简洁红色为主调，代表追求梦想与激情，图案简洁连贯，似一条中国龙，是幸运和成功的标志。2012年LGD设立英雄联盟分部，2015年夺得LPL夏季赛冠军。2017年LGD将主场设立在杭州，为这座城市带来了属于电子竞技的风采。

- Snake（Snake）

Snake电子竞技俱乐部成立于2013年9月，是LPL联盟成员之一，旗下Snake英雄联盟分部于2014年3月设立。年轻、阳光、活力、拼搏是Snake选手的代名词，战队荣获2014年TGA城市英雄争霸赛春季大奖赛冠军，2014年LSPL夏季赛夺得亚军，2015年LPL夏季赛季军。2018年，Snake将主场设立在重庆。

- OHMYGOD（OMG）

OMG电子竞技俱乐部，LPL联盟成员之一，是国内迄今为止最具人气的英雄联盟战队之一，曾在职业联赛赛场上创造过17连胜的惊人纪录。“黑暗势力”“星球之光”是玩家对于他们的深刻记忆，他们的成长令人震惊，他们每一次的披荆前行，都会让见证者高呼他们的名字。

- EDward Gaming（EDG）

EDward Gaming，LPL联盟成员之一，是中国最受欢迎、表现最为出色的队伍之一。2017年LPL夏季赛得胜之后，他们已经拿到了五届LPL冠军，连续五次捧起德玛西亚杯，从而赢得了“五冠王”的美称。同时，也是全球总决赛常客。2015季中冠军赛上，他们还击败了SKTelecomT1，成为除了SKT之外唯一一支夺得季中冠军赛奖杯的战队。

- RoyalNeverGiveUp（RNG）

RoyalNeverGiveUp，LPL联盟成员之一，成立以来就一直处于LPL的顶尖战队行列。凭借在春季赛和夏季赛的亚军位置，通过全球总决赛积分拿到了LPL赛区的2号种子位，得以有机会在主场观众面前，在最大的舞台上尽情展现。尽管在大赛上只是第二次亮相，可是Uzi曾打进过两届全球总决赛的冠军战，这支队伍也已经积累了不少全球总决赛的经验。

- Invictus Gaming（iG）

iG电子竞技俱乐部（Invictus Gaming），LPL联盟成员之一。iG英雄联盟分部是国内实力强劲的队伍之一，以敢拼敢干的风格受到广大粉丝喜爱。2017年，iG强势引进SKTT1上单Duke，2018年备受关注的新人AD选手Jackylove登陆LPL赛场，以全新的面貌迎接更大的挑战。

- Team WE（WE）

Team WE是职业英雄联盟历史最为悠久的队伍，LPL联盟成员之一，并且在现今的LPL环境中重新崛起。2017春季赛的时候，WE终于步入上升期，在决赛中打败了RNG，拿到了LPL春季赛的桂冠，并代表LPL赛区参加季中冠军赛。在季中冠军赛小组赛中脱颖而出，为本赛区拿到了分组抽签1号池的位置。LPL地区预选赛获胜之后，以LPL赛区3号种子的身份，获得了参加2017全球总决赛的资格，位居四强。

- SNGAMING（SNG）

SNG战队，前身TBG，从TGA湖北省赛出线，以第十届城市英雄争霸赛亚军身份进入LSPL。2017年苏宁投资俱乐部，更名为Suning Gaming后，拿下LSPL春季赛冠军晋升LPL，成为LPL联盟成员之一。

- JD.Gaming（JDG）

JDG战队由京东与原初集团联合投资成立于2017年3月，收购原LPL队伍QG战队，更名JDG正式进军英雄联盟职业联赛。随着LPL联盟化开启，JDG也成为LPL联盟成员之一。

- Vici GAMING（VG）

VG成立于2012年9月21日，是中国新兴职业电子竞技俱乐部中的佼佼者，俱乐部于2013年成立了英雄联盟分部，以增加俱乐部在电子竞技领域中的影响力。2017年VG浴火重生，从LSPL再度进军LPL，成为LPL联盟成员之一。

- Bilibili Gaming（BLG）

BLG电子竞技俱乐部是Bilibili组建的电子竞技俱乐部，英雄联盟分部是LPL联盟成员之一，在原LPL战队IMay的基础上组建而成。

2016年，IMay战队从LSPL开始打拼，凭借团队凝聚力和拼搏精神，在一年内完成从LSPL到LPL再到世界赛“三级跳”。同年IMay战队荣获国家体育总局颁发的“2016年度中国电子竞技新锐团队奖”，腾讯英雄联盟年度颁奖盛典上IMay战队荣获进步最快俱乐部奖。

- Topsports Gaming（TOP）

滔搏运动（TOP）与DAN电子竞技俱乐部携手打造的全新Topsports Gaming——TOP电子竞技俱乐部。TOP电子竞技俱乐部以原DAN电子竞技俱乐部为基础，整合后的TOP电子竞技俱乐部作为LPL联盟成员之一，参加了LPL 2018赛季的所有比赛。2020年正式更名为TES。

- Rogue Warriors（RW）

Rogue Warriors（RW）于2017年12月15日在上海成立，由ROG（Republic of Gamers，玩家国度）赞助。

- FunPlus Phoenix（FPX）

趣加电子竞技俱乐部（FunPlus Phoenix）成立于2017年，LPL联盟成员之一，是LPL舞台上的新生力量。

2. LDL2018夏季赛参赛战队（LDL后正式更名为LSPL）

- YM

YM俱乐部于2016年由电子竞技明星PDD发起并组建，旨在为中国电子竞技培养后备力量，在新赛季中以冲进LPL为目标。

YM电子竞技俱乐部logo

- VP

VP战队作为LGD俱乐部的青训队伍，以培养和磨炼年轻的LOL职业选手为目标，通过LDL预选赛成功晋级LDL联赛。

VP电子竞技俱乐部logo

- UP

UP电子竞技成立于2015年5月，一直活跃于LPL上游，同时致力于重回LPL。在不断壮大的过程中俱乐部培养了众多优秀电子竞技职业选手。

UP电子竞技俱乐部logo

- TYLOO

浙江天禄电子竞技俱乐部，成立于2007年5月，早期由EastOne.Nice和ft合并组成，经过多年的成长，已成为具有影响力的职业俱乐部。

TYLOO电子竞技俱乐部logo

- SNS

SUNING Gaming是由苏宁斥资打造的一家电子竞技俱乐部，于2016年底收购原TBG战队扩建而成，SNS是其LOL分部的青训部，有着完整成熟的训练体系和强大的教练团队，在2017年的LDL资格赛中一路披荆斩棘，成功拿到了LDL的名额，是LDL华东赛区不可忽视的一支力量。

苏宁电子竞技俱乐部logo

- GT

GT电子竞技俱乐部，2017年LSPL夏季赛第三名，现属于南京赛区。

GT电子竞技俱乐部logo

- TF

TF战队成立于2017年6月初，其前身是EDG青训ANT战队。在第十二届TGA城市争霸赛，ANT战队打进LSPL甲级职业联赛，随后EDG进入测试期，RGS和ANT两支队伍的人员和线上测试的人员一并进入到测试期进行选拔和淘汰。随后被若风收购，ANT正式改名为TF，TF队名的含义也是若风世界第一卡牌大师的英文名。

TF电子竞技俱乐部logo

- SYX

SYX电子竞技俱乐部，成立于2017年。是由一群没有光环加身，只为梦想不断前行的年轻人所组成的战队。他们是国内LOL界的新贵，是国内电子竞技圈新鲜的血液。

SYX电子竞技俱乐部logo

- MSG

MSC战队，原甲级联赛队伍，现LPL华南赛区队伍，MSC俱乐部于2015年6月创建，打过3次TGA全国争霸赛，1次甲级联赛。

MSC电子竞技俱乐部logo

- SN

SN斯诺氏战队，LDL华南赛区队伍，于2017年5月创建。

SN电子竞技俱乐部logo

- RWS

RWS战队全称“RougeWarriors-Shark”，成立于2018年1月。为RW战队的后备军，LDL的新生力量。

RWS电子竞技俱乐部logo

- SDG

SDG电子竞技俱乐部，原为IG电子竞技俱乐部旗下YG战队。现在全新资方——上海鹤耀文化有限公司的管理下脱离IG系统，作为独立俱乐部运营。

SDG电子竞技俱乐部logo

- RYL

皇族电子竞技俱乐部成立于2012年5月，2013年俱乐部英雄联盟分部斩获S3全球总决赛亚军，2014年在S4全球总决赛中再次获得亚军，成为英雄联盟史上第一支连续两年进入全球总决赛最终决赛的战队。

皇族电子竞技俱乐部logo

- BJO

BJO电子竞技俱乐部的全称为BJGONEGAMING，成立于2017年12月，是一支集合了五位热血少年的新队伍。俱乐部logo的设计，也承载着队员在赛场上团结一心、顽强拼搏、驰骋翱翔的未来愿景。

BJO电子竞技俱乐部logo

- JDM

JDM战队隶属于JDG京东电子竞技俱乐部。JDG京东电子竞技俱乐部于2017年5月由京东与原初集团联手成立。拥有JDG与JDM两支英雄联盟职业战队，JDM由LSPL战队NON改组而来。

JDM电子竞技俱乐部logo

- OG

OG电子竞技俱乐部成立于2017年6月，是一支由怀揣着梦想的年轻人聚集在一起的队伍，队名的全称是Only Game（专注游戏），无论是平常训练，还是比赛，大家都非常专注和积极，非常渴望取得胜利，不会轻易放弃希望。

OG电子竞技俱乐部logo

第八章

电子竞技媒体

第一节 电子竞技媒体概述

人民电子竞技：电子竞技媒体“国家队”的诞生

人民电子竞技的微博认证账号简介是“人民体育电子竞技频道官方微博”，即人民网旗下的电子竞技类社交媒体账号。2008年7月13日，它发布了第一条微博，宣告了它的开通。在该账号发布的微博已经涉及到了《绝地求生》《绝地求生》手游和《王者荣耀》等项目。

人民电子竞技官方微博

人民电子竞技官方微博发布的内容

在随后发布的微博中，人民电子竞技预祝参加《绝地求生》PGI全球邀请赛的中国战队取得好成绩。人民网涉足电子竞技行业，说明了传统主流媒体对电子竞技行业的认可，这将进一步引导正面看待电子竞技的价值，摆脱玩游戏就是“玩物丧志”的传统思维定式，也有望促进整个电子竞技行业的进一步发展。

媒体

“媒体”的意思就是指传递信息、承载信息的媒介，人们借助用来传递与获取信息的方法和手段。而电子竞技媒体就是以电子竞技为载体，传播电子竞技资讯的手段。

第二节　电子竞技媒体分类

纵观电子竞技的发展，大众一直认为电子竞技处于体育与游戏的中间地带。这种尴尬又模糊的认知，直接影响了传统媒体对于电子竞技的态度。

早在2003年，国家体育总局就已正式批准电子竞技为在中国开展的第99个体育竞赛项目。在2022年，电子竞技将首次成为亚运会的正式项目。CCTV5曾经开办过一档节目——《电子竞技世界》。然而，作为中国第一个电子竞技节目，它开播仅一年多就停播了，原因是“收视率太高，家长打电话抗议”。

另一方面，由于电子竞技的载体始终是游戏，而在大众的固有思维里，电子竞技本身就是“玩物丧志、沉迷游戏、不务正业”的代表。传统媒体对于电子竞技的报道往往聚焦于未成年人沉迷游戏，或是电子竞技选手一夜暴富。

传统媒体主要有：电视、广播、报纸、期刊（杂志），此外，还有户外媒体，如路牌灯箱等。

随着科学技术的发展，逐渐衍生出新的媒体，例如：IPTV、电子杂志等，它们是在传统媒体的基础上发展起来，但与传统媒体又有着质的区别。

国际电话电报咨询委员会CCITT（Consultative Committee on International Telephone and Telegraph，国际电信联盟ITU的一个分会）把媒体分成5类：

①感觉媒体（Perception Medium）：指直接作用于人的感觉器官，使人产生直接感觉的媒体，如引起听觉反应的声音，引起视觉反应的图像等。

②表示媒体（Representation Medium）：指传输感觉媒体的中介媒体，即用于数据交换的编码，如图像编码（JPEG、MPEG等）、文本编码（ASCII码、GB2312等）和声音编码等。

③表现媒体（Presentation Medium）：指进行信息输入和输出的媒体，如键盘、鼠标、扫描仪、话筒、摄像机等为输入媒体；显示器、打印机、喇叭等为输出媒体。

④存储媒体（Storage Medium）：指用于存储表示媒体的物理介质，如硬盘、光盘等。

⑤传输媒体（Transmission Medium）：指传输表示媒体的物理介质，如电缆、光缆等。

我们通常所说的“媒体”（Media）包括两种含义。一是指信息的物理载体（即存储和传递信息的实体），如书本、挂图、磁盘、光盘、磁带以及相关的播放设备等；另一层含义是指信息的表现形式（或者说传播形式），如文字、声音、图像、动画等。多媒体计算机中所说的媒体，是指后者而言，即计算机不仅能处理文字、数学之类的信息，而且还能处理声音、图形、图像等各种不同形式的信息。

1. 电子竞技媒体的主要媒体形式

电子竞技媒体同传统媒体相似，但又有所不同。谈及电子竞技媒体的“目标”或“方向”，一般都会以体育媒体、体育报道为目标。其实可将“电子竞技”两个字换成“体育”——或者换成所接触的任何一种体育项目如篮球、足球、网球等，体育媒体对于数据的玩法已经相当成熟，作为体育媒体“晚辈”的电子竞技媒体，完全可以加以借鉴并学习掌握。

一家电子竞技媒体在内容方面大概可包括下列栏目。

※ 新闻部分

总结本月/本周/昨日重要比赛结果，简单评论

提供相关联赛积分，最新排名

※ 战报分析

精选几场文字战报，进行战术分析

提供比赛视频

※ 趣事趣闻

介绍有趣的电子竞技新闻及花絮

※ 精品文章

摘录经典电子竞技文章

原创文章

※ 我的电子竞技故事

※ 网友互动

开展一些调查，如对媒体的满意度以及建议等。

栏目的面向人群包括如下几类。

※ 面向追星族和好奇心较重的

①电子竞技新闻（国内、国际以及花絮）

②走近明星（必须是独家专访，包括电子竞技明星、主播、玩家三部分）

③电子竞技漫画（邀请专业画师，做好知识产权保护）

※ 面向初级用户

①游戏资料（角色属性介绍、装备介绍、大局观介绍等）

②初级战略攻略

③图文战报（分析高手作战的思路）

※ 面向中、高级用户

①观点（网友杂谈为主以及电子竞技界的热点评论）

②高级战术文章（比如从韩国联赛看近期LOL战术的变化等）

③怀旧类的文章（老玩家对以往赛事的回顾）

2. 新媒体

2018年3月，新浪布局电子竞技产业，宣布独家授权上海竞综文化传媒有限公司正式成立“微博电子竞技俱乐部”。目前，该俱乐部已成立《绝地求生》分部，战队正式名称为“微博战队”，《王者荣耀》等热门项目的分部也在筹建中。在苏宁、京东以及华硕等诸多大企业加入后，新浪也开始进军电子竞技产业，这对中国电子竞技的发展无疑又是一个重大利好。新浪授权范围包括新浪网及新浪微博，授权内容包括电子竞技俱乐部的组建、电子竞技赛事的组织举办、电子竞技衍生品的开发制作等。微博电子竞技俱乐部不仅仅是要打造一支战队，还从战队布局、人才培养、宣发渠道、赛事IP等方面进行了全方位的规划。

微博截图

玩家电子竞技微博

众人拾薪
达到以下社区目标，所有参与本活动的玩家均可获得对应奖励
$15,000,000
100,000
02
修行之路

宣传资料

第九章

电子竞技产业发展状况

第一节　中国电子竞技发展状况

在大家的印象中，电子竞技项目和传统体育运动有很明显的分别，很多人甚至认为电子竞技项目和体育运动根本没有联系。但是，电子竞技项目和其他的体育运动一样，大多都是吃着青春饭，都需要一个好的身体和敏捷的思维，只是电子竞技选手的职业生涯更短，他们退役的时间更早。目前看来，有着数量不断增加的青少年参与的中国电子竞技正处于一个氛围良好的飞速发展阶段。

在2018年上海举办的全球电子竞技运动领袖峰会上，为大家所熟知的电子竞技职业选手Uzi作为LPL最具影响力的人物之一，在峰会上代表电子竞技运动员宣誓："开创更好的中国电子竞技黄金五年"。电子竞技行业近几年发展十分迅速，网店、赛事、解说、游戏周边、电脑配件、广告植入等行业也随之不断发展。2018年，中国电子竞技用户已经突破3亿，市场规模达到84.8亿元，在2020年超过200亿元。随着电子竞技行业的发展，直播催生出的电子竞技解说员身价也随之水涨船高。据解说行业专业人士分析，电子竞技解说的收入来源主要包括游戏解说、广告代言，以及利用自身的人气开店等多种途径。

知名游戏《英雄联盟》官方解说娃娃作为LPL顶尖解说，收入属于解说界中的较高水平。娃娃曾在直播中透露："解说一次英雄联盟官方比赛2500元。"据央视的体育解说嘉宾透露，解说一场体育比赛的收入在500～1000元左右，而与央视签约长期解说的体育嘉宾收入会稍微高一些，一年的报酬在10万元左右。电子竞技行业每年赛事更多一些，机会也更多，收入的上限也比体育解说要高。

除解说固定比赛外，电子竞技解说还可以利用解说特长和自身知名度发展其他副业，比如开网店或者做直播。在电子竞技行业兴起的初期，主播的主要经济来源为网店收入。解说售卖电子竞技相关设备、游戏周边产品、服装甚至零食等商品，如著名美女游戏主播miss曾靠网店出售电脑外设，一个月收入高达数十万元。而人气火爆的《绝地求生》职业选手韦神，身价已高达数千万。目前各种电子竞技比赛的奖金高达数十万人民币，甚至有的国际综合比赛奖金高达数百万人民币。如2014年7月22日，来自中国的Newbee战队在美国西雅图一举夺得2014 TI4冠军，豪夺超500万美元的冠军奖金。所以综合看来，电子竞技项目有着很好的发展前景。

解说一直以来都是竞技运动赛事运营中不可缺少的一环，然而目前电子竞技解说人才稀缺，一名合格的电子竞技解说要拥有看得见的业务硬实力，对游戏的深入理解和敏锐的分析游戏局势的能力。电子竞技解说的收入十分可观，希望以后有越来越多的电子竞技爱好者可以经过培训加入这一行业，推动电子竞技不断向前发展。

近几年，我国的电子竞技产业得到迅速的发展，包括赛事、俱乐部运营、主播解说等，将逐渐成为我国体育产业的一块拼图。体育产业链也在不断地完善当中。

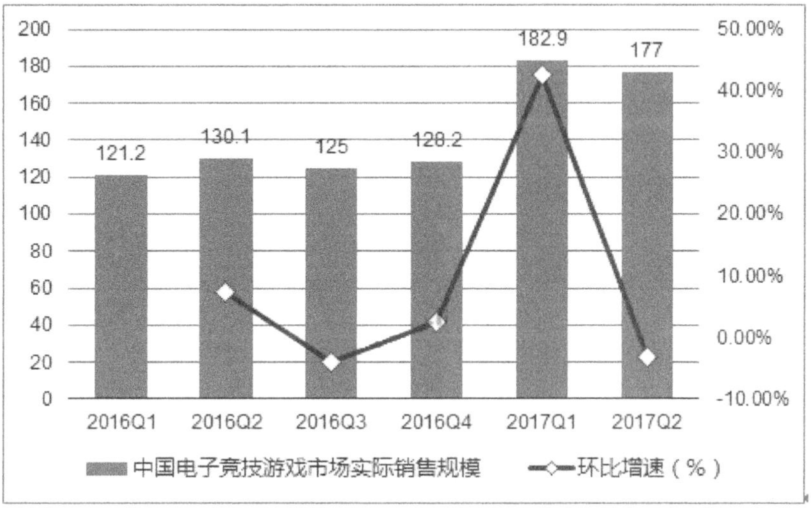

中国电子竞技游戏市场实际销售规模

从上图中可以看出，2016年到2017年我国的电子竞技市场的实际销售规模有一个大幅度的提升。

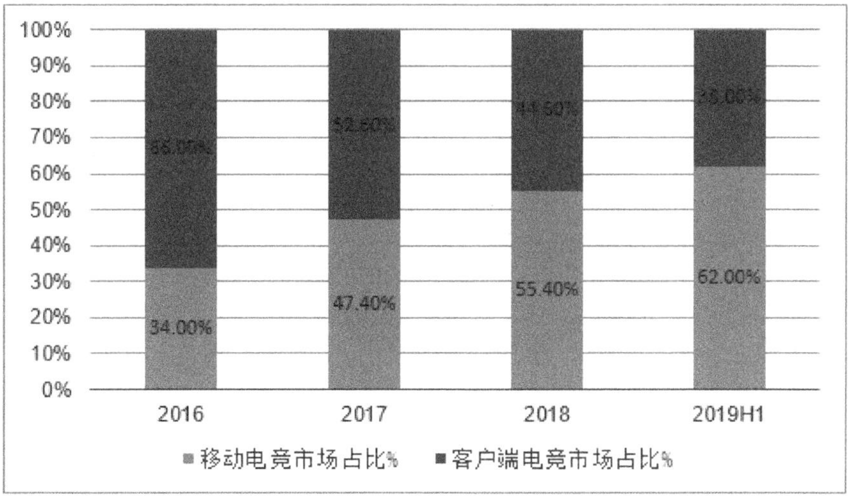

客户端电子竞技游戏市场销售占比

在未来几年，移动电子竞技的销售额还会不断地增长，移动电子竞技在市场中已经形成了力量，而且会一步一步地走向成熟。

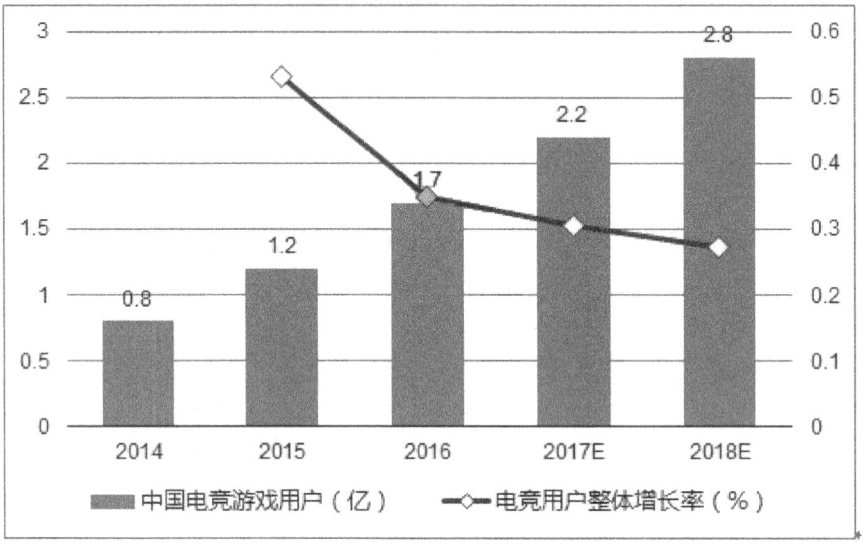

2014年至2018年中国电子竞技用户规模

目前，我国电子竞技的快速发展，已经成为全球电脑游戏端的主力，在TOP页面上，电脑游戏市场TOP 10中有6种都是属于电子竞技，有了超多半的比重。尽管有了这样亮眼的数据，电子竞技游戏还是有增长的空间。

电子竞技游戏行业的高速发展提供了大量优质直播内容，直接驱动了电子竞技游戏直播市场的高速发展。中国游戏直播用户规模持续增长，2016年达到1亿，同比增长近100%。

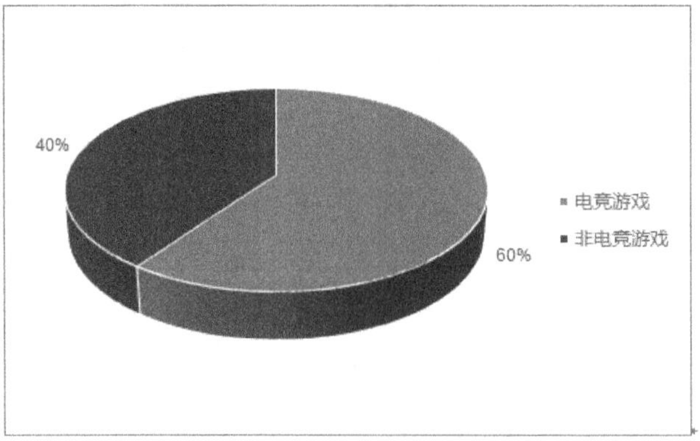

2016年全球PC游戏前十中电子竞技游戏占比

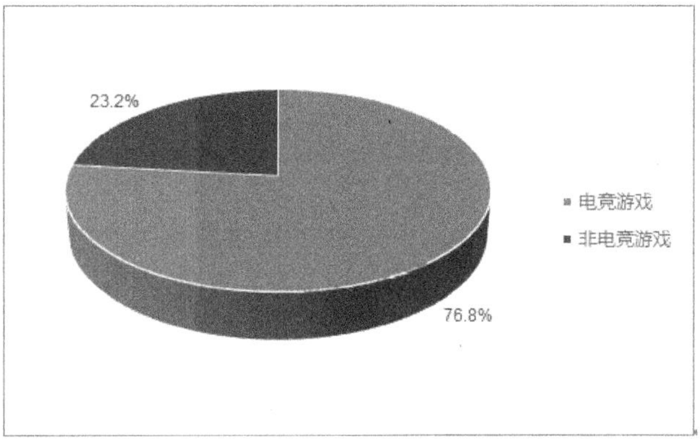

2018年全球PC游戏收入前十电子竞技游戏占比

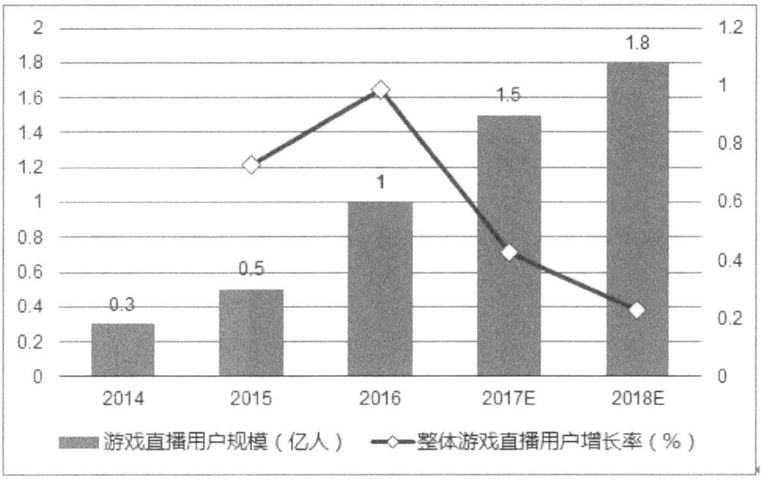

2014年至2018年中国电子竞技用户规模

大概有三分之一的玩家观看直播是为了提高游戏技法水平，这部分也是游戏直播当中的核心用户。

主要游戏直播平台

政府政策的支持是推动电子竞技发展的必要条件，表9-1是我国为电子竞技所颁布的各类政策。

表 9-1　电子竞技相关政策

时间	部门	文件名称	政策内容
2016.04.15	国家发改委	《关于促进消费带动转型升级行动方案》	开展电子竞技游戏游艺赛事活动。加强组织协调和监督管理，在做好知识产权保护和对青少年引导的前提下，以企业为主体，举办全国性或国际性电子竞技游戏游艺赛事活动
2016.07.13	国家体育总局	《体育产业发展“十三五”规划》	以冰雪、闪迪户外、水上、汽车、汽摩、航空、电子竞技等运动项目为重点，引导具有消费引领性的健身休闲项目发展
2016.09.06	教育部	《普通高等学校高等职业教育（专科）专业目录》	增补了“电子竞技运动与管理”专业
2016.09.18	文化部	《关于推动文化娱乐行业转型升级的意见》	提出鼓励电子竞技场所建设，支持区域性、全国性乃至国际性电子竞技赛事，引导和扶持各种电子竞技比赛与游戏游艺行业融合发展
2016.10.25	国务院办公厅	《关于加快发展健康休闲产业的指导意见》	提出推动电子竞技项目健康发展，培育相关市场

第二节　国际电子竞技发展状况

2018年，全球电子竞技市场规模达到9.065亿美元，同比增长38%。2019年全球的电子竞技观众达到3.8亿，同比增长13.8%，这其中约有1.25亿观众来自中国。

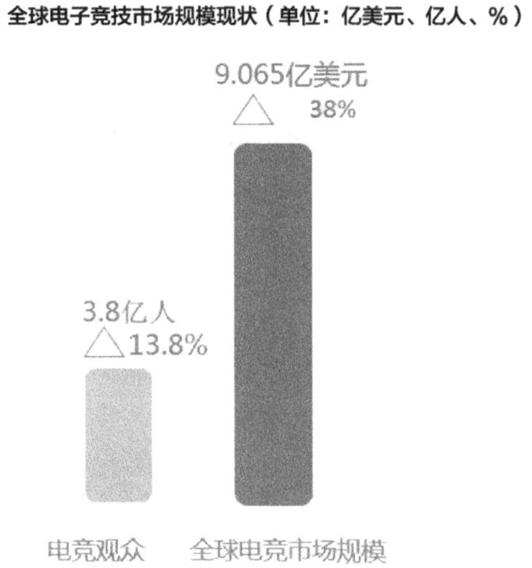

全球电子竞技市场规模现状

从收入结构来看，目前全球电子竞技产业的营收渠道主要有五种，分别是：媒体版权、广告业务、赞助、特许商品&门票、游戏出版。据统计，2018年赞助类营收占比最大，占比达40%，共计3.59亿美元，较上年相比增长53.2%；其次是广告业务，占比达23.8%，营业收入共计1.74亿美元，较上年相比增长23.8%；排名第三的是媒体版权收入，占比达18%，营业收入共计1.6亿美元，较上年增长72.1%。

1. 北美电子竞技——体育产业成熟、粉丝经济强劲、内容制作优良

到目前为止，北美是电子竞技发展当中的主要力量。2018年营收达到2.57亿美元，至2020年这一数字将增长至6.6亿美元，其中赞助商是贡献营收的主力军。北美完整的体育政策也为电子竞技的发展奠定了一定的财政基础。

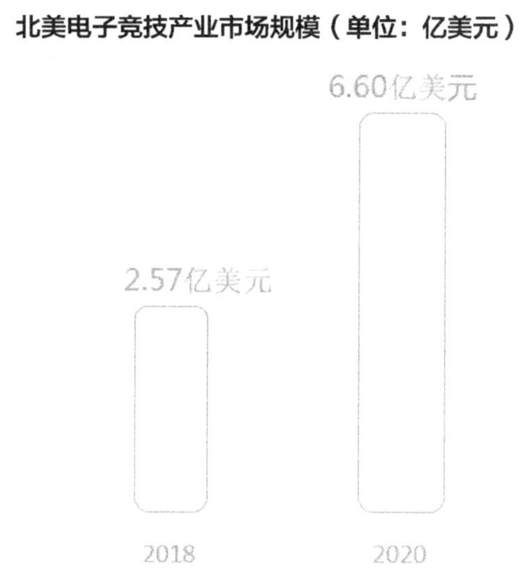

北美电子竞技产业市场规模

北美电子竞技产业的特色主要有三点：成熟的体育产业、强劲的粉丝经济和优质的内容制作能力。

2. 韩国电子竞技——比赛＋电视台＋职业联盟

韩国的电子竞技产业是当地的支柱产业，总产业规模排名紧跟足球以及棒球。

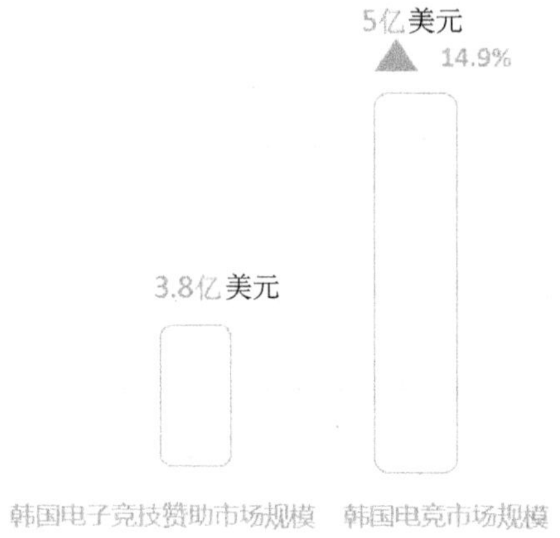

2016年韩国电子竞技市场规模情况

韩国电子竞技产业的特色是将比赛、电视台、职业联盟三者结合起来形成三位一体的模式。

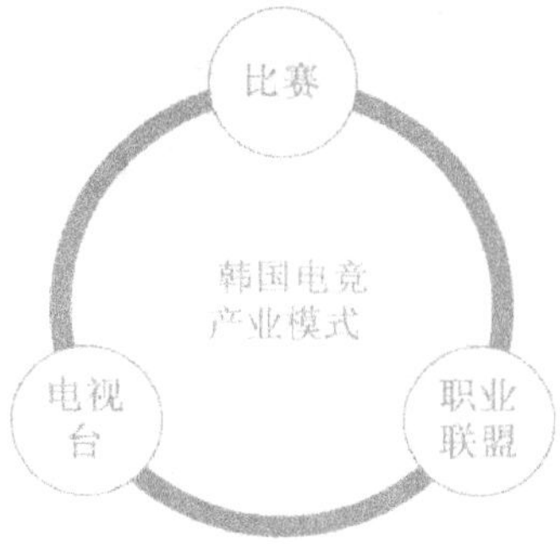

韩国电子竞技产业模式图

整体来看，目前全球电子竞技产业规模呈逐渐扩大的趋势，其中尤以北美地区、韩国两地的表现更为亮眼。

第十章

电子竞技从业人员

第一节　电子竞技选手

一直以来，作为新兴行业，电子竞技这个领域就备受质疑，特别是这个行业的人很容易被误认为是打游戏不务正业。但是就在最近，电子竞技行业的从业人士得到了国家的认可。

人社部网站公布关于电子竞技行业的两个职业，这是得到了官方认可的，一个是电子竞技员，另一个是电子竞技运营师，前者偏向于亲力亲为参加比赛项目，后者侧重于运营，几乎可以囊括电子竞技行业的所有人员。

想要从事电子竞技行业，特别是要做选手，其实并不简单，这不仅仅需要努力，还需要一些天赋，而且大多职业选手一般在年纪很小的时候出道，这其实也与学业发生正面冲突，一旦涉及到学业，就会与家长产生冲突，这是个挺复杂的问题。电子竞技不单单只是游戏这么简单，它可以体现一个人的反应力、协调力、思考能力和团结合作的精神。

在2018年雅加达亚运会上，电子竞技项目作为表演赛出现在大众的视野中，其中包含了“王者荣耀”“英雄联盟”等，这些都是在中国较为火爆的游戏。与此同时职业选手代表国家出征，拿到了首枚电子竞技金牌，为电子竞技正名，这正是网瘾少年与世界冠军的区别。

随着电子竞技的热度不断上升，越来越多的青少年开始把参加电子竞技比赛作为自己的梦想，来自广州的“00后”张华鑫就是其中之一。几年前，正是自己喜欢的战队赢得比赛时的狂喜让他把成为一名《英雄联盟》职业选手当成自己的梦想，并在之后的几年时间里，刻苦磨练技术，最终突出重围，成为了LGD《英雄联盟》青训营的一员。然而，当自己进入梦寐以求的战队，成为一名职业选手的时候，想象中每天开开心心打游戏的日子并没有到来，迎接他的是每天长达12小时的训练。面对每天12小时，每周6天的高强度训练，张华鑫觉得这是“煎熬”。在经历长时间的训练之后，他体会到职业赛不是随意的“玩”，而是需要高度的责任感。作为青训营的一员，他很少有机会上场打比赛。一年来，他站上过的最大舞台是LDL城市预选赛杭州站，拿到了季军。然而，这个舞台在他看来还太小，他甚至不愿意告诉父母，不愿意邀请父母去现场观看比赛。初生牛犊不怕虎，总是乐观向上的他虽然对自己的职业生涯充满了信心，但他也希望自己的同龄人不要把打职业赛想得那么简单。职业电子竞技的门槛看起来好像很低，好像只要有一台电脑，任何人都可以成为职业选手。但想成为一名职业选手，可能比考上清华都要难。电子竞技需要的是持之以恒，要耐得住寂寞。“学习不好就去打电子竞技吧！”这种想法是完全错误的。电子竞技不是退路，它同样需要天赋和不懈的努力。

和还在青训营辛苦训练，挣扎出线，为自己的职业生涯争取一个好位置的张华鑫相比，同一俱乐部《守望先锋》分部的徐秋林要幸运得多。2016年，暴雪公司制作的第一人称射击游戏《守望先锋》面世，徐秋林迅速被这款形式新颖、需要团队合作的射击游戏所吸引。从幼儿园起就开始玩CS的徐秋林算得上真正的“网瘾少年”，在成长的过程中，游戏一直陪伴在他左右。在遇上《守望先锋》之前，徐秋林还玩过《魔兽》，打过*DOTA*。如今，这位曾经的“网瘾少年”已然成为OW赛场上的明星。2016年底，凭借自己精湛的技术，利用狂暴战士单排冲进国服天梯前十的徐秋林接到了来自LGD战队的电话，邀请他去基地试训。徐秋林就这样走上了自己的职业道路，尽管那时候，父母对他的选择并不理解。一到战队就站上一线比赛舞台的徐秋林迅速在比赛中崭露头角，2017年5月的OC决赛上，徐秋林的父亲来到比赛现场，观看儿子比赛。最终，LGD战队以一分之差痛失冠军。看着父亲向身边的朋友炫耀：“我儿子打游戏很厉害的。”徐秋林觉得自己的努力没有白费。尽管有着超出他人的游戏天赋，但徐秋林仍然用自己的整个生命在训练。性格内向温和的他，除了休息，时间几乎都花在了看比赛、分析录像、讨论战术上。作为一名职业选手，“网瘾少年”也有自己的中国梦。他的职业目标是先拿到国内赛事的冠军，然后进军国际赛场，在国际比赛中为中国战队争取一份荣耀。

电子竞技这个行业，光有梦想是不够的。作为一名职业选手，需要天赋和坚持；作为一名从业人员，需要有一技之长。很多人想要加入战队成为电子竞技职业选手，但经过筛选和试训之后真正能留下来的可能只有一两个。在电子竞技这个行业，只有1%是电子竞技职业选手，99%都是电子竞技从业人员。而只有真正具有天赋，能在职业道路上走得长远的选手才能当职业选手。作为一个新兴行业，电子竞技俱乐部的容错率比一般公司还要低，必须在喜欢游戏的基础上拥有一技之长，才能在这个行业中走得长远。

电子竞技职业选手每天要面对同一款游戏训练超过10小时以上，精神高度紧张、每天循环重复着枯燥的事情，没有节假日，再加上长时间的坐姿，日积月累，身体健康受到影响。腰、背、手的伤病成了电子竞技顶级选手的标签。而对职业选手的个人习惯和作息时间，都有非常严格的管理制度，在日常训练中选手如果带有消极的态度打游戏，那么也会面临罚款、禁赛等严厉的处罚。每天都机械化打游戏，一般人是承受不住这个压力的。

我国知名《英雄联盟》电子竞技选手Uzi，在雅加达亚运会之前，接受央视记者的采访说："被父母从网吧里抓出来过"。曾经是网瘾少年，如今已经是满身荣誉的世界冠军Uzi，从16岁出道便开始征战各种国际顶级赛事，他在《英雄联盟》赛事上已经征战了六年，获得的荣誉也是无数。在雅加达亚运会《英雄联盟》项目，作为队长带领着队伍，击败强敌韩国，代表中国拿下了《英雄联盟》项目的冠军。但是六年的时间，带给Uzi的不止荣誉，还有病情：腿、腰、背、右手都有损伤，严重的时候曾要放弃比赛去接受治疗和休养。而很多普通玩家玩游戏，只是为了娱乐身心，一边是职业一边是娱乐，两者不能相提并论。

想要避免成为网瘾少年，就要先知道沉迷于电子游戏的原因：

①可以满足自己的虚荣心，在现实中做不到的事情，可以在虚拟的网络中做到。

②如果你对现实生活不是很满意，而在虚拟世界中可以找到自己的存在感，可以在虚拟世界中发泄自己的情绪。

③电子竞技游戏，紧张而刺激，可以让人暂时忘却烦恼，时间也会过得很快。

④从众心理，周围的同学朋友都在玩，自己不玩的话就不合群。

接下来再找到解决沉迷网络游戏的方法：

①培养个人的兴趣爱好，比如打篮球，有空就去锻炼，充实自己的空余时间，不要将自己时间空置。

②放下手机，多与身边的朋友交流，有心事找家人或者朋友倾诉。

③在现实生活中，找到自己认为有意义的事情去做，而这件事情一定要比游戏重要，不能为了游戏里面的送礼送皮肤等活动，就控制不住自己重新回到虚拟世界中去。

④严重患者，需要进行心理上的疏导。

第二节　电子竞技赛事

尽管市场前景广阔，中国电子竞技作为一个新兴产业确实也有不少问题，首当其冲的就是人才资源的极度匮乏。据"伽马数据"2018年5月发布的分析报告，电子竞技行业专业人才缺口已高达26万人。而根据"腾讯电子竞技"在2018年8月发布的《电子竞技行业人才供需调查报告》来看，目前只有15%的岗位处于人力饱和状态。整个电子竞技产业链，无论是赛事策划运营和执行，还是品牌营销和商业推广，都面临着从业人员粗放成长和人才断层的尴尬局面。要保证电子竞技产业的正规化和良性发展，构建完整的专业人才培养链条势在必行。

2016年9月，原教育部职业教育与成人教育司发布《普通高等学校高等职业教育（专科）专业目录》2016年增补专业，"电子竞技运动与管理"赫然在列，属于"教育与体育专业大类”。此后，中国传媒大学南广学院成立了国内首个电子竞技学院，北大青鸟、上海体育学院、湖南省体育职业学院等教育机构和高等院校也纷纷开设电子竞技相关专业，从此电子竞技进入校园课堂。

开办这个专业首先是由于社会的需求。例如，如今电子竞技行业的解说大多由退役的职业选手担任。他们往往拥有丰富的游戏经验，但却缺乏专业的解说训练。现在，电子竞技专业的学生将在四年的时间里，学习传统播音主持专业的课程和电子竞技相关知识。在课程设计上，学生前两年以各类通识课程与播音主持方面的专业课程为主，并且绝不允许参加任何商业活动，到大三才开始逐步接触电子竞技相关知识，并开始与外界的沟通合作。为了对接国际化的电子竞技市场发展，上海体育学院还为学生开设了英语和韩语课程，并与第三方电子竞技公司合作，邀请他们结合电子竞技解说的理论和实际，为学生编写教材，开设新课程。

电子竞技行业除了电子竞技选手和教练，还有很多职位可以选择，让热爱电子竞技又不想成为职业电子竞技选手的游戏迷们能够加入这个行业，贡献一份自己的力量。

除了电子竞技解说以外，还有很多其他岗位，例如教练、主持人、赛事运营人员、赛事总监、俱乐部经理等。

第三节　电子竞技媒体

媒体并非广大粉丝所认为的“无所不能”，事实上，媒体的地位甚至不如一个“狂热”的粉丝。就《英雄联盟》而言，虽然各种各样的比赛会邀请一些媒体来进行报道，但这种报道更多时候是一种“必须”的行为。

一家媒体发布一篇文章有多少人来看？传播度有多高？这个很难界定，但可以肯定的是，95%以上的文章，即便质量真的很高，都很难得到很好的推广。因为抛开网站官方的曝光之外，真正的忠实用户少的可怜。这就导致一篇优质的文章很难被推广，而能够被推广的文章，大多都是被一些懂你的人所认可的文章。

电子竞技大约可以分为这样的两个阶段（以LOL为基础）。20年之前是一个阶段，这是一个蛰伏期；20年之后又是一个阶段，也是电子竞技蓬勃发展的阶段，更是造就了无数边缘化电子竞技人的阶段。

15年前，电子竞技媒体屈指可数。纵观国内能够播报电子竞技的网站，无非173、多玩、178、巴士、U9、太平洋等寥寥几个。

但是，在15年前，正是由于这几个电子竞技媒体，却给了第一批喜爱电子竞技的人以绝佳的机会。这群人，以一颗赤子之心投身电子竞技，月薪不过千把块钱，但他们却获得了此后无法用金钱换来的价值——人脉。

毫不夸张地说，到目前为止，大多数电子竞技媒体的中高层领导者，都是在15年之前投身电子竞技行业的人。在那个时期，他们的圈子小得可怜，每一次的出差，每一次的赛事，大家看到的都是这些人。这就使得大家非常熟悉，有着不错的人际交往。而这些人，坚持到了现在，的确也收获到了应有的回报。

2014年前后，随着电子竞技发展，英雄联盟IP的大热，越来越多的电子竞技媒体出现，如大家熟知的大咖、15W、玩加、大电子竞技、全球电子竞技网、电子竞技虎、木木不哭等电子竞技媒体如雨后春笋一般涌现。随之而来的，是更多喜爱电子竞技的人的加入。但这些人，却没有此前那群人幸运。

人员的增加，随之而来的即是行业的饱和。越来越多人投身电子竞技，这其中，大约30%的人像早期电子竞技人那样，是为了梦想而来的，而大多数人只是为了更好的玩游戏。在这30%的人中，只有不到10%的人能够得到和前辈一样的资源。这就导致绝大多数为了梦想而投身电子竞技的人，最终铩羽而归——他们无法为电子竞技做得更多，有心无力。

众多的投资催生了众多的媒体。但电子竞技媒体的地位，却变得越发尴尬。

如今随着自媒体的发展，直播行业的兴起，越来越多的微博大V的出现，传统电子竞技媒体的生存空间越发狭小。如今的电子竞技媒体，即便是受邀参与赛事播报，所能够报道的也极为有限。因为如今电子竞技的IP，集中在自媒体、主播及微博这些渠道上。所以更多的人愿意去尝试联系这些拥有IP的人。这样的情况就使得如今的媒体变得越发边缘化。

第十一章

著名职业选手介绍

本章主要介绍《英雄联盟》里具有代表性的传奇职业选手。

1. Faker（李相赫）

1996年5月7日，Faker出生于韩国一个普通单亲家庭。性格内向的他平时靠玩游戏来打发自己的时间。2011年12月，Faker开始接触网络游戏《英雄联盟》，S2时期他以2500+分成为韩服路人王，之后加入SKT战队。凭借擅长妖姬乐芙兰等中单英雄，他成为一名LOL中单选手。2013年2月被招入SK Telecom T1的二队，6月进入SK Telecom T1的一队。

- 职业生涯前

2011年12月随着《英雄联盟》韩服开服，Faker开始参加《英雄联盟》游戏。Faker很快凭借在中单位置极具侵略性与观赏性的游戏操作被人熟知，并以单人排位超高分登顶韩服，引起了职业战队的注意。2013年2月Faker选择加入SKTelecom T1，被召入SKT的二队SK Telecom #2。自此Faker开始了自己的职业生涯。

- S3时期

2013年OGN春季赛，SKT对阵CJB，这是Faker第一次亮相。在SKT对阵CJB比赛中以英雄奈德丽（狂野女猎手，豹女）单杀了当时韩国第一中单Ambition使用的英雄卡兹克（虚空掠夺者，螳螂），这是Faker职业生涯第一次击杀。

2013年OGN春季赛率领SK Telecom #2取得季军的成绩。

2013年OGN夏季赛，四分之一决赛，SKT对阵JIN AIR Falcons。Faker前两局的奥莉安娜（发条魔灵）与第三局的黛安娜（皎月女神）在中路打出统治级别的表现，帮助SKT以大优势取胜对手。半决赛，SKT对阵MVP，第二局Faker的阿狸（九尾妖狐）在最后一波敌方高地被先开团的情况下丝血逃生，后加入战局拉扯敌方阵型，打出高额伤害帮助SKT打出0换4关键团战；第三局Faker选择伊泽瑞尔（探险家），双AD策略使敌方无力抵抗SKT的团战输出；第四局Faker的古拉加斯（酒桶）取得11-1-7的超神战绩。决赛，SKT对阵KT Bullets，在先失两局的情况下，第三局Faker以劫（影流之主）三次单杀敌方中单，使敌中路崩盘，20分钟Faker取得9-0-8的数据；第四局Faker以6-1-9的阿狸将SKT带入第五局；最后一局Faker凭借英雄劫（影流之主）打出不可思议的操作，以四分之一的血量单杀韩国人气王Ryu使用的满血英雄劫，SKT最终实现让二追三夺得冠军。

英雄联盟S3世界总决赛韩国区预选赛决赛，SKT对阵KT Bullets，SKT先失一局，第二局Faker的阿狸（九尾妖狐）在27分钟大龙团战灵活输出，单杀辅助，击杀三人，赢下关键团战并最终取得10–1–10的战绩；第三局Faker的奥莉安娜（发条魔灵，5–1–7）在前期敌方打野GANK的情况下，走位躲过蜘蛛的控制技能，后配合队友击杀敌方中野。Faker的阿狸（8–1–9）线上与打团操作行云流水，敌方中路崩盘，在21分钟选择投降，SKT取得胜利。

2013英雄联盟世界总决赛在美国洛杉矶举行。小组赛SKT以7–1的战绩晋级。四分之一决赛对阵GAB，第二场Faker的丽桑卓（冰霜女巫）线上优势的积累使Faker在游戏中期轻松单杀敌方上单，团战更是势如破竹，最终取得10–2–6的战绩。半决赛，对阵NJS，双方打满五局，第二场Faker选择奥莉安娜（发条魔灵，4–0–9），SKT各路优势碾压；第三场Faker的阿狸（九尾妖狐）在中路30分钟团战中击杀二人，协助SKT打出3换4的情况下，在己方慎的帮助下丝血逃脱并反杀鳄鱼，团灭对手；第四场Faker的发条在对方塔前面对敌方二人单杀敌方中单阿狸，随后在下路与敌方泉水前两次单杀敌方AD伊泽瑞尔；第五场Faker的发条在敌方三人抓中的情况下，配合己方打野打出1换3，最后一波团战大招拉中三人使敌方团战爆炸。决赛，美国洛杉矶斯坦普斯体育馆，SKT对阵皇族，Faker第一场使用古拉加斯（酒桶），前期在打野帮助下连续击杀敌方中单取得线上优势，配合队友下路团战使SKT击杀敌方下路组合掌控节奏，后越塔单杀敌方中单，最后一波下路团战Faker遭石头人和发条强开，被击杀前甩出所有技能打出巨额AOE，帮助SKT打出1换5团战。第二场Faker的劫（影流之主）在大龙后的对方中路高地团战中秒掉敌方上单，使得SKT顺利拿下一路水晶，随后Faker在野区单杀敌方中单，SKT在其后的团战中依靠优势取得胜利；第三场Faker的酒桶和SKT全程优势，势如破竹结束比赛。最终Faker在决赛中率领SKT以3–0的大比分战胜皇族，拿下世界赛冠军成为大魔王。Faker出道即达巅峰。

- S4时期

2013–2014 OGN冬季赛。决赛SKT对阵SSO，第一场Faker的锐雯（放逐之刃）在3级单杀敌方中单酒桶，小龙团单杀AD，19分钟SKT0换5团战拿下三杀，对方选择20投；第二场SKT轻取对手，Faker的卡尔萨斯（死亡颂唱者）取得6–3–14的战绩；第三场Faker的锐雯30分钟被强开，闪现躲开女坦与酒桶的大招，回身打出高额伤害使SKT打赢团战。Faker率领STK以18连胜的成绩获得OGN冬季赛冠军。

2014年英雄联盟ALL STAR全明星赛中，Faker率领SKT T1K以9战全胜战绩夺得冠军。小组赛对阵OMG，Faker的奥莉安娜（发条魔灵）线上及团战表现稳定，以9–3–6的战绩帮助队伍取胜。对阵TPA，Faker的崔斯特（卡牌大师）前期遭遇多次GANK，稳住发育使装备经济大幅领先对手，并在最后时刻单杀敌方AD，配合队友打出高额团战输出结束比赛。对阵FNC，最后的大龙团战Faker的劫（影流之主）高额输出，大招秒掉敌方打野并拿下大龙，SKT打出0换4的团战。对阵C9，凭借乐芙兰（诡术妖姬）以绝对优势率领队伍战胜对手。半决赛，对阵FNC，Faker凭借亚索（疾风剑豪，战绩6–1–7）与奈德丽（狂野女猎手，战绩8–1–5）轻取对手。决赛，对阵OMG，第二局凭借崔斯特（卡牌大师）的优势发育带动全场节奏，最后一波进场配合打野击杀敌方AD，然后灵活操作击杀对方辅助和上单结束比赛；第三局SKT各路优势巨大，Faker使用辛德拉（暗黑元首）取得7–1–9的数据。Faker拿下全明星赛MVP。

2014年OGN夏季赛，SKT T1K在八强赛中不敌SSW，失去S4资格。

2014年NLB夏季赛。决赛SKT对阵NJ Sword，第一场Faker的亚索（疾风剑豪）前期完成经典单杀，Faker对敌方发条近距离空关键Q技能，血量劣势情况下闪现利用W风墙挡住发条技能与平A，E技能位移单杀发条，随后Faker和SKT利用不断的优势累积取得比赛胜利，Faker亚索取得11–2–10的战绩；第二场Faker选择奥莉安娜（发条魔灵），SKT前期处于较大劣势，游戏中后期发条配合队友屡屡通过团战扳回劣势，最终取得胜利；第三场Faker的劫（影流之主）多次游走下路，协助己方越塔击杀对方下路二人组，使对方下路崩盘，SKT赢得第三场，获得NLB夏季赛冠军。

- S5时期

S5赛季是Faker巅峰的一年。

2015年LCK春季赛，SKT T1K队与SKT T1S队合并。联赛首轮，SKT对阵Najin，Faker的乐芙兰（诡术妖姬）在第三场最后一波团战取得五杀，这是2015年韩国职业联赛的首次五杀。季后赛3进2，SKT对阵CJ，在先失一局的情况下第二局Faker替补登场，奈何SKT劣势过大再失一局；第三局Faker的璐璐（仙灵女巫）发挥出色，取得5–0–5的战绩；第五局Faker使用自己招牌英雄乐芙兰（诡术妖姬）碾压对手，对方中单、打野、辅助三人被迫交出超鬼战绩，Faker则拿下15–1–10的漂亮数据，SKT让二追三。决赛，SKT以3–0战胜GE Tigers 获得冠军 。

2015年LCK夏季赛决赛，SKT对阵KT。第二局Faker的黛安娜（皎月女神）前期游走连续三次单杀敌方AD寒冰，导致敌方下路过早崩盘，游戏中期敌方寒冰再遭Faker及SKT其他队员多次击杀被迫交出0–9–1的战绩，而Faker的皎月拿下10–1–5的超神战绩。第三局Faker使用锐雯（放逐之刃）前期打出经典一幕，越两座防御塔闪现后扭头躲开蛇女的大招——石化凝视，避免了晕眩效果并成功击杀蛇女。最终SKT以3：0战胜KT获得冠军，Faker获得季后赛MVP。

2015年10月1日，2015年英雄联盟世界总决赛在法国巴黎开幕。小组赛SKT六战全胜晋级。四分之一决赛，SKT对阵AHQ，Faker分别使用璐璐（仙灵女巫，战绩1–0–6）、瑞兹（流浪法师，战绩7–0–3）、卡萨丁（虚空行者，战绩3–3–7）帮助SKT晋级。半决赛，SKT对阵OG，第三局替补登场的Faker以瑞兹（流浪法师）6–1–7的战绩将SKT带入决赛。决赛SKT对阵KOO Tigers，Faker选择卡萨丁（虚空行者）三路游走协助团队取得大优势并胜利；第二局Faker的璐璐（仙灵女巫）在队伍大劣势的情况下单杀敌方3–0的中单维克托，最后取得7–0–7的战绩帮助SKT取得胜利；第四局，Faker的瑞兹（流浪法师）在前期遭遇对方打野GANK，一打二反杀打野，凭借Faker的瑞兹展现出“雷电法王”的威力，参与了整局所有对敌方英雄的击杀，拿下9–0–4的数据碾压对手。最终SKT以3：1战胜KOO Tigers获得冠军，整届总决赛SKT仅失一小局，取得15–1的战绩。

- S6时期

S6整个赛季可以说Faker都是在1带4。

2016年3月的IEM10全球总决赛中，半决赛SKT对阵TSM，第二场Faker选择劫（影流之主），游戏中后期下路单杀敌方AD，连锁反应导致对方在下半野区再被SKT击杀两人，SKT拿下大龙并最终赢下比赛晋级决赛。决赛对阵FNC，第二场Faker的维克兹（虚空之眼）团战作用明显，率领SKT以13,000的经济优势拿下赛点；第三场SKT及Faker的劫优势巨大，FNC在22分钟选择投降。最终SKT以7场全胜的战绩夺得冠军。

2016年LCK春季赛的季后赛中，SKT在冒泡赛中以3–1战胜劲旅JAG，再以3–0击溃KT晋级决赛。在4月23日举行的季后赛决赛中，随着第四局Faker的卡西奥佩娅（魔蛇之拥）在最后50分钟大龙团中的高额输出拿下三杀，SKT以3–1击败ROX夺得他们的第五个韩国联赛冠军。

2016年5月4日，2016英雄联盟季中冠军赛在中国上海东方体育场开幕。小组赛SKT以6–4的战绩晋级淘汰赛。半决赛SKT对阵RNG，SKT先失一局的情况下，第二场Faker选择阿兹尔（沙漠皇帝）前期单杀敌方中单妖姬，以7–0–6的战绩率领SKT战胜对手；第三场Faker的菲兹（潮汐海灵，小鱼人）多次主动出击，为SKT建立前期优势并最终赢下天王山之战；第四场Faker使用瑞兹（流浪法师，战绩3–0–4）率领SKT兵不血刃战胜对手。2016年5月15日，2016MSI季中冠军赛的决赛，对阵CLG，第二场Faker的沙皇最后团战大招推走并秒掉敌方AD，SKT直接推掉门牙塔和水晶结束比赛；第三场Faker使用瑞兹拿下6–1–8的数据，全队以近2,2000的经济优势取下第三局，SKT 3–0胜CLG荣获冠军，Faker实现大满贯。

2016年LCK夏季赛第一轮次，SKT对阵KT，第一场Faker的阿兹尔（沙漠皇帝）前期单杀敌方中单确立中路优势，本场沙皇屡屡打出精彩操作为SKT打开局面：下半河道大招击飞并在空中击杀敌方中单，28分钟团战巧杀敌方AD，下路高地战击杀敌方辅助推回中单使SKT摧枯拉朽；第二场Faker的沙皇面对敌方三人草丛埋伏极限反应待到队友赶到，成功反打对手。2016年8月12日，SKT在LCK夏季赛季后赛半决赛中被KT让二追三，获得季军，在决赛之后Faker与他的队友们，以LCK第二种子身份跻身赛季全球总决赛。

2016年9月30日，2016《英雄联盟》全球总决赛在美国旧金山拉开战幕。小组赛中，SKT以5–1的成绩列小组第一出线。四分之一决赛对阵RNG，第二场Faker使用韦鲁斯（惩戒之箭）打出全场最高伤害，帮助SKT从前期滚雪球积累优势；第三场SKT各路优势巨大，30分钟以25000的优势取得胜利；第四场中期僵持阶段Faker的玛尔扎哈（虚空先知）配合队友抓下打出1换5团战，Faker取下三个人头使游戏进入SKT的节奏。SKT以3–1战胜

RNG。半决赛中，SKT对阵ROX，双方打出英雄联盟历史上最为精彩的BO5之一：第一场Faker的奥莉安娜（发条魔灵）在最后的远古巨龙团战中大招拉住并秒掉对方中单与辅助，使得ROX团战爆炸；第四场在对方将BAN位全给中单的情况下，使用当时冷门中单基兰（时光守护者）打出5–2–5的战绩；第五场游戏中期ROX三人抓上路带线的Faker，Faker的发条打出经典操作和走位全身而退，随后配合己方打野偷掉大龙，不断扩大优势拿下第五局。2016年10月30日，2016英雄联盟全球总决赛决赛，SKT对阵SSG，第二场Faker以6–0–5的战线帮助SKT碾压对手；第五场Faker的维克托（机械先驱）团战作用显著，以6–2–4的战绩率领SKT赢下决胜局。SKT最终以3：2战胜了SSG，获得冠军，Faker成为三冠王。

- S7时期

2017年LCK春季赛第一轮次，SKT对阵ROX，第一局Faker的卡西奥佩娅（魔蛇之拥）对线期R闪并单杀敌方中单飞机，当时的版本由于BUG会显示蛇女反向大招，实际大招指向闪现方向，官方在后来的版本中修正了这一BUG。同样在第一轮次，对阵KT，第二局在全队劣势并在对方打完大龙的情况下，己方泰坦与娜美大招连续击飞敌方四人，Faker的奥莉安娜（发条魔灵）闪现大招扔在“飞升”的敌方英雄，敌方四人瞬间被击杀。2017年4月22日，LCK春季赛决赛，SKT对阵KT，第一局Faker使用英雄菲兹（潮汐海灵，小鱼人）成功压制敌方中单英雄辛德拉（暗黑元首，球女），凭借线上及团战出色的表现，Faker率领SKT赢下首局；第三局Faker使用中单英雄璐璐（仙灵女巫），前期单杀敌方中单乐芙兰（诡术妖姬），并配合打野压制敌方发育，甚至使得敌方中单妖姬的战绩最终达到0–8–4，帮助SKT在第三局碾压对手。SKT最终以3–0的大比分击败KT夺得LCK春季赛冠军。

2017年5月11日，2017英雄联盟季中冠军赛在巴西举行。小组赛SKT以8–2的战绩晋级淘汰赛。半决赛SKT对阵FW，第一场SKT在劣势情况下中路抱团，打出0换4的翻盘团战；随后两场SKT稳扎稳打最终以3–0的大比分击溃对手。2017年5月22日，2017MSI决赛，SKT对阵G2，第三场Faker选择阿狸（九尾妖狐）多次找机会秒杀敌方C位，给G2造成了极大的困扰，后期在敌方高地塔秒杀敌方AD，对方无力防守最后的门牙塔和水晶，SKT赢下关键局；第四场Faker的乐芙兰（诡术妖姬）拿下全场最高伤害，以7–1–6的战绩帮助SKT以3–1的大比分击败G2荣获冠军。

2017年9月23日，2017英雄联盟全球总决赛在中国武汉开幕。小组赛第一场，SKT对阵C9，Faker使用当时的冷门英雄卡西奥佩娅（魔蛇之拥，蛇女）在中路打出经典操作，在对方打野雷克塞（虚空遁地兽，挖掘机）主动GANK的情况下反杀敌方打野，并配合队友击杀敌方中路，为SKT的胜利打开了局面。小组赛第二场，SKT对阵EDG，Faker使用英雄奥莉安娜（发条魔灵），在前期遭遇对方有效GANK及队伍整体劣势的情况下，Faker中期的战绩一度达到0–4，困难时刻Faker不断寻找发育机会补充己方经济，并在中路的一次SKT的主动团战中与队友打出精彩配合，打出0换4的精彩团战，并最终在团队经济一度落后10000的情况下成功翻盘。小组赛第六场，SKT第二次对阵EDG，Faker再次选择奥莉安娜（发条魔灵），SKT前期因英雄属性与对方推塔节奏的影响处于较大劣势，Faker在游戏中期多次成功使用大招牵扯敌方C位英雄，延缓对方进攻节奏并寻找发育机会，为己方上单的关键物抗装备赢得了时间，在SKT的高地防守战配合队友打出0换5的团战，拿下大龙并在最后抓住机会成功大招拉中对方双C，帮助SKT实现翻盘。八强赛，SKT对阵MSF，SKT在大比分1-2落后的情况下，Faker分别使用英雄瑞兹（符文法师）与塔莉垭（岩雀）帮助SKT在最后两局取得关键团战胜利，使得SKT惊险晋级。半决赛中，SKT对阵RNG，双方打满五局，在对方的BP受到版本及自身限制的情况下，Faker使用五把加里奥（正义巨像）盘活三路，多次英雄登场保下队友并在团战中限制对手，帮助SKT最终战胜对手。2017年11月4日，中国北京国家体育场——鸟巢，SKT在2017英雄联盟全球总决赛的决赛中0-3不敌SSG，获得亚军。

- S8时期

2018年4月4日，SKT以1-3的比分不敌KT夺得LCK春季赛第四名。

2018年Faker入选雅加达亚运会《英雄联盟》电子体育表演项目韩国国家代表队，司职韩国队中单。在率先进行的亚运会英雄联盟亚运上预选赛上韩国队以8-2的战绩与中国队和中国台北队并列第一，在随后的附加赛中韩国队分别战胜中国台北队与中国队，最终名列亚运会预选赛第一名。Faker在预选赛中的场均KDA达到6.75。

2018年雅加达亚运会《英雄联盟》电子竞技项目，韩国队与中国队、越南队、哈萨克斯坦队分在一组。小组赛双循环BO1，韩国队取得6-0的战绩以小组第一晋级半决赛。半决赛BO3对阵沙特阿拉伯队，韩国队上场五人在两场比赛中分别使用三星战队与SKT战队的冠军皮肤，Faker在两场中分别选择嘉文四世（德玛西亚皇子）与辛德拉（暗黑元首），最终韩国队2-0轻取对手。决赛韩国队1-3不敌中国队，获得银牌。

- 个人获奖纪录

√ 2017-12-08 The Game Awards最佳电子竞技选手

√ 2016-11-23 韩国电子竞技年度大赏年度最佳电子竞技选手

√ 2016-11-23 韩国电子竞技年度大赏年度最具人气LOL中单选手

√ 2016-11-23 韩国电子竞技年度大赏年终大赏

√ 2015 韩国电子竞技年度大赏年度最佳LOL选手奖

√ 2015 韩国电子竞技年度大赏年度最具人气LOL选手

√ 2015 韩国电子竞技年度大赏年度最佳电子竞技选手

√ 2013 韩国电子竞技年度大赏年度LOL最佳中单选手

- 团队获奖纪录

√ 2019-08-31 2019LCK夏季赛 SKT T1K 3-1 GRF 冠军

√ 2019-07-07 2019年亚洲对抗赛冠军 LCK 3-1 LPL 冠军

√ 2017-11-04 2017《英雄联盟》全球总决赛 SKT T 10-3 SSG 亚军

√ 2017-05-22 2017《英雄联盟》季中冠军赛 SKT T13-1G2 冠军

√ 2017-04-22 2017LCK春季赛 SKT T13-0KT 冠军

√ 2016-10-30 2016《英雄联盟》全球总决赛 SKT T13-2SSG 冠军

√ 2016-08-12 2016LCK夏季赛 SKT T12-3 KT 季军

√ 2016-05-15 2016《英雄联盟》季中冠军赛 SKT T13-0CLG 冠军

√ 2016-04-23 2016 LCK春季赛 SKT T13-1ROX Tigers 冠军

√ 2016-03-07 IEM10（英特尔极限大师杯全球总决赛） SKT T13：0Fnatic 冠军

√ 2015-11-14 2016 Kespa杯 SKT T10-2Esc Ever 四强

√ 2015-10-31 《英雄联盟》S5世界总决赛 SKT T13-1KOO Tigers 冠军

√ 2015-08-29 2015 LCK夏季赛 SKT T13-0KT Rolster 冠军

√ 2015-05-11 《英雄联盟》2015季中邀请赛 SKT T12-3 EDward Gaming 亚军

√ 2015-04-23 2015 LCK春季赛 SKT T13-0GE Tigers 冠军

√ 2014-08-17 2014 OGN夏季赛 SKT T1K1-3 SAMSUNG White 八强

√ 2014-08-07 2014 NLB夏季赛 SKT T1K3-0Najin Black sword 冠军

√ 2014-06-08 2014 OGN大师赛 SKTelecom T10-3 SAMSUNG 亚军

√ 2014-05-24 2014 OGN春季赛 SKT T1K1-3 SAMSUNGOzone 八强

√ 2014-05-14 2014 NLB春季赛 SKT T1K3-0KT Bullets 季军

√ 2014-05-11 2014 巴黎全明星赛 SKT T1K3-0OMG 冠军

√ 2014-01-25 2014 OGN冬季赛 SKT T1K3-0SAMSUNG Ozone 冠军

√ 2013-10-05 《英雄联盟》S3世界总决赛 SKT T1K3-0皇族 冠军

√ 2013-08-31 2013 OGN夏季赛 SKT T1K3-2KT B 冠军

腾讯网评曾这样评价Faker：Faker是一个时代只会出现一个的天才。他只有在面对排位级别更高的选手才会认真玩游戏。在他还是个业余玩家的时候，其操作技术在花网上就已经有知名度了。18岁的Faker打法凶悍，不善言辞。20岁时他转变风格向团队中单靠拢，讲话更加稳重，不嘲讽别人，不吹嘘自己。Faker的成绩是自己打出来的，而他身上的光环则是欣赏他的人给予的，一个从来不主动索求的实力派电子竞技选手。

2. Uzi（简自豪）

Uzi，1997年4月5日出生于湖北省宜昌市，是《英雄联盟》中国区的电子竞技职业选手，原SH皇族电子竞技俱乐部ADC选手，后效力RNG战队并担任队内ADC一职。

2013年Uzi第一次进入全球总决赛，在预选赛上使用暗夜猎手VN在比赛中一战封神，却在决赛中惜败SKT获得S3《英雄联盟》世界总决赛亚军。2014年再次进入S系列比赛获得S4《英雄联盟》世界总决赛亚军。2015年S5赛季初加入OMG无缘世界总决赛。春季赛结束后，在2016年夏季转会期转会到RNG，2017年全明星宣传片Uzi为LPL代表人物，2018年获得MSI季中赛冠军。2018年6月，入选2018雅加达-巨港亚运会《英雄联盟》电子体育表演项目中国代表队。2018年8月29日，雅加达亚运会电子竞技表演项目《英雄联盟》进行总决赛，由Uzi等人组成的中国团队3-1战胜劲敌韩国团队夺得金牌。

- 早年经历

2012年初，因为家庭的原因Uzi搬家到了新的城市——惠州，由于等待转学让他有了在家玩游戏的机会。

天天在家玩游戏的他，接触到了《英雄联盟》这个游戏。他以惊人的适应能力迅速驾驭了这个游戏，在当时的四区战无不胜，迅速冲到了1700分。后来被陈芳辉（虎妞）发现并介绍到皇族战队，开始了自己的职业生涯 。最初在准备打职业比赛的时候曾经受到父母的阻拦，后来他用自己的努力证明了自己，得到了家人的认可和支持。当父母现身来到LPL赛场时，他很开心能得到父母的到场支持。

- 运动生涯

2012年Uzi加入皇族后随队出征TGA冬季大奖赛获得亚军，在2012年TGA冬季总决赛，五杀维鲁斯让中国英雄联盟玩家知道了他的存在。

2013年皇族战队得到了S3全球总决赛八强的种子席位，代表S3全球总决赛中国区参赛。在8进4对战OMG战队第二轮比赛中Uzi的VN1V3仍能未死并且将OMG淘汰，最后带领着队伍进入决赛但不敌SKT获得亚军。

2014年队伍再引进两名外援，签下两名新人，与Uzi组成全新组合。Uzi担任队内ADC一职，连续第二年代表中国LPL赛区参加全球总决赛。在S4全球总决赛的小组赛中最终以5胜1负的战绩成功以小组第一的身份晋级八强。10月，在S4全球总决赛8进4的比赛中以3-2战胜了中国LPL赛区的种子队伍EDG战队成功晋级4强，在半决赛又以3-2战胜了OMG战队，但最终在决赛以1-3憾负于韩国OGN赛区的SSW战队再次获得亚军。

2015年转会到OMG，担任OMG电子竞技俱乐部ADC一职，参加并获得S5《英雄联盟》LPL春季赛职业联赛常规赛第3名，在季后赛中被常规赛排名第五的LGD横扫出局止步八强。S5全球总决赛选拔赛中OMG与M3在冒泡赛中逆袭失败，结合S5积分，无缘S5。在英雄联盟2015全明星赛中，虽然LPL最终未能夺冠，但Uzi以场均8.0/3.0/9.2的表现结束了他的第一次全明星赛之旅。

2016年在LPL春季赛期间宣布转会至QG战队，参加S6《英雄联盟》LPL春季赛职业联赛，以A小组积分第一进入2016LPL春季赛季后赛。2016年夏季赛期间再次宣布转会至RNG，参加S6《英雄联盟》夏季赛职业联赛，以B组小组积分第一进入2016LPL夏季赛季后赛，在与EDG进行的决赛中0-3惜败。2016《英雄联盟》全明星赛是Uzi第二次参赛，在这次全明星赛上他证明了自己，取得了本次SOLO赛的冠军。

2017年1月16日，《2017中国运动员影响指数排行榜》发布，Uzi排名二十，是唯一上榜的电子竞技运动员。2017年LPL春季赛，Uzi所在战队RNG以小组第一进入季后赛，在半决赛以3-1战胜EDG战队晋级总决赛，在总决赛上以0-3败于WE战队取得亚军。随后在LPL夏季赛上，RNG战队以小组第一晋级季后赛，在决赛上以2-3败于EDG战队夺得亚军，同时以全年积分最高战队的身份，获得参加全球总决赛的资格。在2017《英雄联盟》全球总决赛上，RNG战队以小组第一的身份进入淘汰赛，在淘汰赛首轮战胜FNC战队晋级半决赛，在半决赛以2-3败于SKT战队止步四强。12月11日，2017《英雄联盟》全明星赛最后一个比赛日中，Uzi在1v1单挑赛面对Bjergsen时，卡莉丝塔两度建功，成功蝉联“SOLO”王。而在此后LPL梦之队与LMS梦之队的决战中，双方在五局鏖战中交替领先，最终LPL梦之队成功加冕全明星赛冠军。

2018年LPL春季赛中，RNG一路高歌猛进先是击败了18连胜的IG，之后的决赛在先失一局的情况下，果断换阵的RNG以3-1的比分战胜EDG，Uzi收获首个LPL冠军。夺下冠军后，RNG战队代表中国LPL赛区前往柏林参加2018《英雄联盟》季中冠军赛，先后击败了北美、欧洲以及韩国战队夺得了季中赛的冠军，成为第二支非韩MSI冠军。

2018年6月，Uzi与苏汉伟、田野、史森明、严君泽、刘世宇等入选2018年雅加达亚运会《英雄联盟》电子竞技体育表演项目中国代表队，出征东亚赛区预选赛并成功晋级正式比赛。7月8日，在2018《英雄联盟》洲际系列赛亚洲对抗赛决赛中，LPL和LCK鏖战五场，最终Uzi所在战队RNG击败AFs，帮助LPL赢得了2018亚洲对抗赛的冠军。8月29日，雅加达亚运会电子竞技表演项目《英雄联盟》总决赛，有Uzi加入的中国团队3-1战胜劲敌韩国团队，拿下亚运会历史上首个《英雄联盟》项目金牌。9月14日，春季冠军RNG以3-2战胜IG夺得LPL夏季赛总决赛的冠军，Uzi成为总决赛MVP，RNG也以LPL一号种子身份征战2018《英雄联盟》全球总决赛。全球总决赛中，战队在小组赛阶段以小组第一晋级，并根据抽签规则在四分之一决赛与G2进行对决，以2-3战败，结束了全球总决赛之旅。10月24日，2018《英雄联盟》LPL赛区全明星投票结果出炉，Uzi以21.96%的得票率排名第一，具体票数为1,759,265，蝉联LPL赛区票王，入选全明星赛。12月1日的英雄联盟颁奖盛典上，Uzi蝉联年度最佳ADC。

- 职业生涯数据

2013年S3皇族对阵OMG，他在草丛中遭遇敌方四人，边退边输出，通过高超的操作而一战封神。

2014年S4常规赛，对阵IG，他使用VN在敌方中路外塔处，强行击杀敌方五人。S4总决赛，对阵国内冠军EDG，在残血被套上点燃的情况下，使用老鼠开大打眼，利用敌方眼位做跳板，输出到敌方三人，从而吸血保住了性命完成4杀取得胜利。2014世界总决赛最终决战之前，官方统计了SSW与皇族两支战队在决赛之前所有场次的比赛，占了25%团队经济的Uzi贡献了34%的团队输出。2014年11月28日，SOLO精英挑战赛落幕，Uzi封王。

2015年3月15日，在LPL上OMG对Snake的比赛中，Uzi在OMG先输一局的情况下，在第二局的比赛中发挥出色，怒拿19个人头，战胜Snake。这是他在职业比赛中拿人头最多的一局。

2016年在LPL春季赛第六周的常规赛中，第一场比赛是领头羊QG对阵HYG，第一局Uzi祭出成名英雄薇恩，并且在最后一波团战中拿到五杀。同年LPL夏季赛常规赛最后一周RNG与IM的比赛中，Uzi成功地拿下了自己职业生涯中的1500杀，创造了历史，成为LPL第一人。2016年10月在S系列赛历史上第一个完成200杀。

2017年2月《英雄联盟》选手1000杀排名出炉。共有四位LPL的选手上榜，其中Uzi排名第一，厂长排名第七，而大魔王Faker排在第四。3月5日，在LPL春季赛RNG与EDG比赛中，Uzi选出逆版本的小炮疯狂屠杀，前期积极利用对线推塔速度奇快带走节奏，中期凭借着高爆发化身刺客秒人，后期更是疯狂输出搭配队友完成收割，一波四连跳梦回S4。

2017英雄联盟全球总决赛小组赛第三日，RNG在与SSG的对决中抱团推进，皇子EQ框大，Uzi小炮三连跳爆炸输出carry全场，一波0换4，直接零封三星。10月21日S7八进四第三天，在前期被对手节奏牵制的情况下，RNG利用中期一波大龙团战扭转了局势，拿下大龙后Uzi小炮天秀操作丝血击杀FNC两人，配合大虫子和瑞兹团灭对手。

2018年4月15日，在LPL春季赛上，RNG拿出了S7赛季的世界赛阵容应对SS，Uzi凭借着第二场的超神表现完成了自己职业生涯的2000次击杀，成为了全球LOL职业选手中首个完成这一成就的选手。在半决赛RNG与IG的对决中，Uzi连拿三局卡莎均完成超神成就。在第二局比赛中，Uzi的卡莎在前期取得了一定优势，并在双方团战中爆炸输出拿到五杀。

2018年5月14日，MSI小组赛RNG与KZ一战中，绝境中Uzi再度发力，先是下路必死局面冷静应对完成极限逃生，后在上路被KZ刻意抓的情况下，再次天秀击杀男枪和青钢影，拿到超神完成伪5杀。5月20日MSI决赛RNG和KZ的第四局比赛中，Uzi的卡莎在RNG先阵亡两人的情况下逆天改命，极限反杀了KZ两人，最终Uzi绝境换掉三个人阻止对面终结比赛。最后一波团战爆发前，Uzi算出对方AD水银还有10秒，爆发一波团战，先后击杀KZ双C，RNG顺势拿下了比赛。在2018年MSI季中冠军邀请赛上，Uzi多项数据登顶MSI历史总纪录榜，共拿下7项榜单第一，其中5项也打破了MSI的历史纪录。

2018年8月29日，雅加达亚运会电子竞技表演赛《英雄联盟》项目总决赛中，Uzi以高强输出拿下胜3场的MVP。第一局在前期劣势情况下，Uzi韦鲁斯中路开打带起节奏，接着又上演三杀完成1换4，带队实现翻盘。第三局凭借Uzi霞的爆炸输出击败韩国队拿下赛点，并且霞整局都未用过大招。决胜局双方僵持阶段，Uzi多次在人群中击杀对方双C，最终在拿下大龙后带队一波推平对方水晶，拿下冠军。

2018年9月2日，LPL夏季赛常规赛RNG主场迎战JDG，30分钟双方爆发团战，Uzi一人冲进三人的包围圈中以一敌三，最后斩获四杀。

2018年10月14日，2018英雄联盟全球总决赛RNG对阵GEN的比赛中，在游戏结束阶段

Uzi使用卡莉斯塔击杀了Crown使用的艾瑞莉娅，并因此成为第一个在全球总决赛中总击杀数达到300的选手。

- 个人获奖纪录

√ 2014-11-29 TGA SOLO精英挑战赛冠军

√ 2014-12-13 最佳年度MVP

√ 2014-12-13 最佳ADC

√ 2015-12-2 英雄联盟全明星

√ 2016-11-14 最受欢迎选手

√ 2016-12-12 全明星SOLO冠军

√ 2017-11-26 年度最佳ADC

√ 2017-11-26 年度最受欢迎选手

√ 2017-11-26 全明星赛SOLO冠军

√ 2018-12-01 年度最佳ADC

- 团队获奖纪录

√ 2012 TGA冬季总决赛（亚军）

√ 2012 HAN游戏圈英雄联盟职业联赛（季军）

√ 2012 GUNNAR杯英雄联盟邀请赛（冠军）

√ 2012 NGF英伟达游戏群英汇（季军）

√ 2013 全国电子竞技精英赛WVW （获奖）

√ 2013 S3全球总决赛中国区预选赛（冠军）

√ 2013 S3全球总决赛 （亚军）

√ 2013 WCG中国区预选赛 （季军）

√ 2013 NEST全国电子竞技大赛总决赛（殿军）

√ 2013 GEC影驰电子竞技嘉年华（季军）

√ 2014 S4全球总决赛（亚军）

√ 2017 LPL春季赛 （亚军）

√ 2017 LPL夏季赛（亚军）

√ 2017 全明星赛团体冠军

√ 2018 LPL春季赛冠军

√ 2018 MSI季中赛冠军

√ 2018 LOL洲际赛冠军

√ 2018 雅加达亚运会冠军

√ 2018 LPL夏季赛冠军

- 业界评价

凭着出色的个人能力和线上强力的压制力，两次带领皇族战队闯入世界总决赛，获得S3世界总决赛亚军、S4世界总决赛亚军，虽然两次都输给了韩国战队。但是仍然走出了中国选手在世界总决赛上最远的一步，是真正的勇者。（人民网）

Uzi是一个天赋选手。这位来自中国的天才选手自15岁出道，已经赢得了很多荣誉。作为中国AD的代表，精彩的操作让他备受瞩目。（腾讯游戏）

Uzi被称为中国ADC选手中的新星。在2015年饱受争议，无论是春季赛场上的情绪失控，还是后来的挂机洗澡事件都让他处于风口浪尖。但是，从来没有人质疑的，是他的个人实力。（游戏风云）

如果说Faker是联赛中的中单代表，那么Uzi就是ADC的代表了。S4赛季SH皇族战队重回世界冠军总决赛，并和新的队友并肩作战。在2014LPL夏季赛期间，他表现亮眼，凭借出色的操作和队友的配合拿下IG战队，并在3v5的劣势下拿下五杀。（LOL官方）

Uzi在比赛中的不死VN和不可思议的5杀VN，带领着队伍两度进入世界总决赛。如今的Uzi完成一次从高点到低谷的蛰伏，再次蜕变的他少了一份锐气多了一份稳重。（久游网）

S3改版后ADC的生存环境和处境变得越来越尴尬，大量AD刺客和中单的加强让《英雄联盟》中ADC的生存和输出空间都被限制，当Uzi的VN从一个不可思议的位置刺杀对手的时候，凶悍的打法让大家知道了ADC也能像刺客一样充满进攻性。（腾讯游戏）

2018年，从柏林到巴黎，Uzi用近乎完美的表现为我们演绎了一个ADC能做的所有事情。从小组赛的漫天飞羽逆风终结比赛，到卡莎教科书式教学连续超神，到半决赛三把女警推塔致胜，再到决赛卡莎率队翻盘一战封神。四年之后，Uzi再次让来自全世界的解说疯狂，再次让全球的召唤师为之惊呼，时间褪去了当年的狂妄，也送给了他人生中的第一个世界冠军。（腾讯体育）

3. Theshy（姜承录）

Theshy的ID源于前韩国Azubu Frost战队上单选手Shy，姜承录觉得这个ID很帅气，因此取名为Theshy。随后他钻研玩法技巧，技术的提高使他闻名于韩服高分段中，其代表英雄是锐雯、亚索和奈德丽。Theshy开创了一套锐雯的全新打法，被外国观众命名为“Theshy Combo”（Theshy连招），E+闪+RWA+提亚马特+AR，Theshy可以在1秒之内打完这套连招。

- 运动生涯

2014年，在韩服高分段小有名气的Theshy曾经短暂加入韩国OGN次级联赛队伍Anarchy战队，这支队伍就是AFs战队被收购之前的前身。但因为没能上场比赛，他在年末选择远赴中国，加入LPL的WE战队。不过根据LPL官方规定，1999年出生的Theshy由于年龄不够，依旧不能代表WE出征职业联赛，无奈之下，他只能作为战队青训选手，终日以直播为业。

2015年3月，WE战队将Theshy租借至韩国次级联赛队伍Awe Max战队，参加2015韩国挑战者联赛春季赛，这是Theshy作为英雄联盟职业选手的出道首秀，但由于实力有限，Awe Max战队最终止步16强。在这之后一直到2017年，Theshy都处于无赛可打的状态。

Theshy虽然刚开始只是Duke（李浩成）的替补，但Theshy还是得到了不少的出场机会。2017年6月，德玛西亚杯长沙站，在对阵IM战队的比赛中，Theshy获得在iG战队的首秀机会，不过iG战队最终输掉比赛。

2017年LPL夏季赛，iG战队以A组第三挺进季后赛，在淘汰赛中不敌IM战队。在季军战中，iG战队战胜WE战队拿到季军。随后在S7选拔赛上，iG战队2-3不敌WE战队，失去了参加全球总决赛的机会。

2018年LPL春季赛，随着队内天才ADC选手Jackeylove的年龄达到参赛标准，“完全体”的iG在揭幕战失利后，在常规赛中豪取18连胜，并最终以东部第一的战绩进入季后赛。然而在季后赛中，Theshy因手部受伤无法参加季后赛，iG战队先以2-3不敌RNG战队，再以1-3不敌RW战队，最终仅排名第四。

2018年亚洲对抗赛，在小组赛中，iG战队战胜了LMS赛区的M17战队和LCK赛区SKT战队，帮助LPL赛区成功晋级决赛。在决赛中，iG败于LCK赛区的KT战队，但LPL赛区仍然以3-2战胜了LCK赛区获得了冠军。

2018年LPL夏季赛，iG战队以东部第一的战绩进入季后赛。在季后赛中，iG战队以3-2战胜JDG战队进入决赛，根据积分规则iG已经晋级全球总决赛。在决赛中，iG战队以2-3不敌RNG战队获得亚军。

2018年英雄联盟全球总决赛，iG以5胜1负小组第二的战绩晋级淘汰赛。在八强赛中，iG以3-2战胜KT战队。在半决赛中，iG战队以3-0战胜G2战队。在决赛中，iG以3-0战胜FNC战队获得了冠军，这是LPL赛区在S赛上获得的首个冠军。

2018年12月1日，LPL颁奖礼，Theshy获得年度最受欢迎选手。

2019年4月21日，iG战队以3-0战胜JDG战队，获得了2019LPL春季赛冠军，Theshy获得总决赛MVP。

2019年5月17日，MSI季中邀请赛淘汰赛，iG战队1-3不敌TL战队，无缘决赛。

2019年《英雄联盟》全球总决赛，iG以4胜2负小组第二的战绩晋级淘汰赛。在八强赛中，iG战队3-1战胜GRF战队。在半决赛中，iG战队1-3不敌FPX战队，无缘决赛。

- 职业生涯数据

2017年LPL夏季赛，Theshy在为数不多的出战场次中，六场兰博保持百分百胜率。

2018年1月4日，德玛西亚杯青岛站，iG对阵JDG，第23分钟，Theshy的卡蜜尔在仅剩44滴血的情况下利用大招、金身、E技能以及被动的盾成功反杀敌方的卡兹克。

2018年LPL春季赛，Theshy使用各种进攻型英雄在联赛中压制了所有的上单选手，在其中一场比赛中官方贴出了Theshy的数据，单杀及伤害转化率等各项关键指标都排在所有上单中的第一名，赛季结束后Theshy的场均击杀与分均输出也是联赛中最高的。

2018年亚洲对抗赛首日的第二场比赛，iG迎战M17。在第21分钟，M17众人在中路推进无果准备从野区撤退，被iG众人围堵在上路。Theshy的亚托克斯三段Q加闪现强势进场，留住M17众人并最终击杀敌方2人。

2018《英雄联盟》全球总决赛iG对阵G2的半决赛第二场，在第5分钟，上路对线期间，Theshy的杰斯抓住机会直接击杀敌方亚托克斯完成单杀。在第20分钟，Theshy的杰斯追击敌方亚托克斯并逼出大招，此时敌方艾瑞莉娅赶来支援。在面对敌方艾瑞莉娅和亚托克斯的包夹，杰斯回身反打并躲掉艾瑞莉娅大招，最后成功反杀艾瑞莉娅。第21分钟，iG在被偷袭先阵亡2人的情况下，Theshy的杰斯传送下来追着敌方4人并越塔成功击杀艾瑞莉娅。第24分钟，G2的烬对着iG众人开出大招“完美谢幕”，Theshy的杰斯向烬的方向走去，连续挡下子弹并QE二连打了烬一半血把烬赶走。iG对阵G2的半决赛第三场，在第20分钟的小龙团中，iG在先损失一人的情况下意欲撤退，但随后赶来的Theshy使用亚托克斯在小龙口处一人独战敌方五人，三段Q的AOE伤害将敌方打成残血，帮助iG获得最终的团战胜利。

随着2018《英雄联盟》全球总决赛的结束，BestGG提供了一份数据榜单，在上单位置中，Theshy排名第一，胜率达到85%，PP值高达190（PP值是指选手的击杀能力、生存能力、视野能力、目标能力、CS水平、助攻数量，这六项指标是最重要的，PP值就是根据这六项数据统计出来的综合平均值，也就是六芒星综合评分）。Theshy在2018《英雄联盟》全球总决赛表现十分出色，首先是比赛初期数值，Theshy在前15分钟的表现几乎无可挑剔，有着0.23的单杀数据，说明他在前期就具有单杀敌人的能力。而在助攻方面，前15分钟场均1个助攻，说明打野来上路总会有收获。虽然他的死亡次数也多，但值得一提的是，Theshy从未被拿过一血，第一死亡数为零。而且他的一塔率也非常高，在这个大家都喜欢抱团推下路的版本，能拿到0.15的一塔已经很不错了。进攻端的表现是Theshy最为亮眼的一个地方。4.61的KDA冠绝S8，虽然场均只有0.38个单杀，并没有想象中那么可怕，但场均团战击杀接近三人，这说明Theshy不仅是对线厉害，团战的表现也堪称完美。最后就是其他数据了，Theshy的分均伤害、分均承伤、CS都是S8排名最高，最值得关注的就是分均伤害和分均承伤。一般来说，很多分均伤害高的选手都会出现偏科的现象，使用坦克表现不好，承伤效果差。但Theshy不一样，他不仅在进攻端表现出色，在承伤方面也做到了最好，这也是给他提升PP值的最重要原因，无论是打伤害还是扛伤害，Theshy都做到了极致。Theshy也是有缺点的，他的生存数值并不好，视野能力也较弱，场均有0.08个被单杀，这和Theshy上头了就喜欢越塔强杀有关。

2019年3月10日，2019 LPL春季赛，iG赢下WE战队后，Theshy在LPL比赛中的征战也达到了100场，其中赢下了81场，胜率达到81%。值得一提的是，LCK选手Faker刚出道时在LCK的70场比赛中便是有了23场的负场，胜率为67.1%。

2019年3月15日，2019 LPL春季赛，iG赢下VG战队后，iG上单Theshy有项数据冠绝4大赛区：对线期15分钟，Theshy可以凭借自己的压制能力打出21.06的补刀差，这一项数据在欧洲LEC赛区、北美LCS赛区、LPL赛区，以及韩国LCK赛区排在第一位，不止如此，Theshy还可以在15分钟打出场均800的经济优势。

2019 LPL春季赛，Theshy在上单位置上，无论是场均击杀（3.7）还是分均输（第分钟560.2伤害）都高居榜首，甚至连场均助攻（6.2）与场均承伤（每分钟728.2点伤害）也均位列上单第二。（截至2019年3月26日）

- 个人获奖纪录

√ 2018年12月1日年度最受欢迎选手

√ 2019年4月21日2019LPL春季赛总决赛MVP

- 团队获奖纪录

√ 2017年8月26日2017LPL夏季赛季军

√ 2018年4月24日2018LPL春季赛第四名

√ 2018年7月8日2018亚洲对抗赛冠军

√ 2018年9月14日2018LPL夏季赛亚军

√ 2018年11月3日2018英雄联盟全球总决赛冠军

√ 2018年12月1日年度进步最快俱乐部提名

√ 2019年4月21日2019LPL春季赛冠军

- 人物评价

Theshy在韩服期间号称韩服第一锐雯。他擅长使用锐雯、菲奥娜、杰斯、亚索、纳尔等上单英雄，其中又以锐雯、菲奥娜、杰斯的操作手法最为著名。（凤凰网电子竞技）

一旦Theshy得到队友的支援，他就能轻易撕裂对手的上路防线，帮助iG快速滚起雪球。如果说Duke是iG坚不可摧的盾，那Theshy就是iG锐不可挡的矛。（太平洋游戏网）

Theshy是一个完美的天才型选手，看过很多波他的操作之后你会发现，他的操作非常精准，不会出现任何的操作失误，很精准。（LPL解说致幻）

4. Clearlove（明凯）

1993年7月25日出生于湖北武汉，中国《英雄联盟》电子竞技职业选手，EDG战队主教练，前EDG战队打野。

2012年8月，加入WE战队，同年12月，帮助WE战队在IPL5世界总决赛获得中国LPL首个世界冠军。2014年2月，转会加盟EDG战队，同年5月，帮助EDG战队获得LPL春季赛冠军，同年8月，帮助EDG战队获得LPL夏季赛冠军。2015年4月，帮助EDG战队获得LPL春季赛冠军，同年5月，帮助EDG战队获得英雄联盟季中邀请赛冠军，并被赛事官方评为MVP，成为中国第一位两次夺得LPL世界冠军的选手。 2016年8月，帮助EDG战队获得LPL夏季赛冠军。2017年9月，帮助EDG战队获得LPL夏季赛冠军。2019年12月16日，Clearlove宣布退役并转为EDG主教练。

第十二章

电子竞技行业认证

第一节　电子竞技认证的发展

电子竞技在国内已经发展多年，从之前的默默无闻到现在举办了这么多的电子竞技联赛，它的成功是大家看在眼里的。可以说如今的电子竞技行业同前两年相比已经完全不一样了，得到了不少的投资，甚至很多企业巨头都成立了自己的电子竞技俱乐部，电子竞技行业的发展前景也由此可见一斑。

电子竞技比赛现场

如今国内电子竞技选手的生活水平也逐渐提高了，曾经的职业选手像“卢姥爷”那一代都是住着出租屋吃着泡面打比赛的，不像现在的选手拥有非常豪华的训练基地，衣食住行俱乐部都包了，各种各样专业的设备可以说是一应俱全，同时选手的收入水平也大幅度提高了。

现在电子竞技行业又将迎来一个更大的改革，据媒体报道，Newbee将成为首批电子竞技选手持证的俱乐部之一，这也预示着电子竞技选手将正式走入“持证时代”。这对于电子竞技界可以说是一个大新闻了，曾经的电子竞技选手都被贴上“不务正业”的标签，被大家看成“网瘾少年”，如今电子竞技选手也有了自己的上岗证书，选手也就更容易得到大家的认可了。

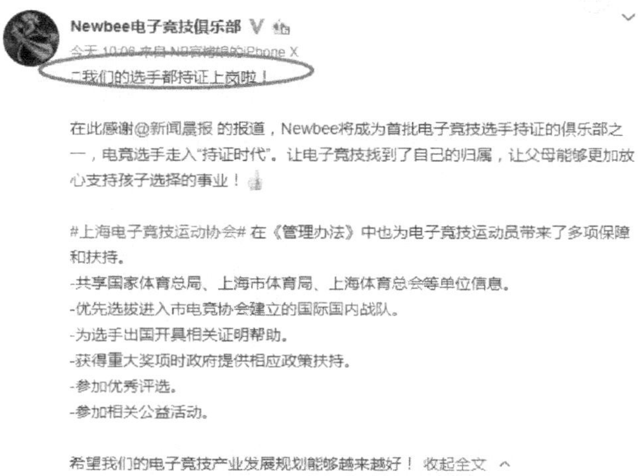

Newbee电子竞技俱乐部

今天 10:06 来自 NB官博姐的iPhone X

二我们的选手都持证上岗啦！

在此感谢@新闻晨报 的报道，Newbee将成为首批电子竞技选手持证的俱乐部之一，电竞选手走入“持证时代”。让电子竞技找到了自己的归属，让父母能够更加放心支持孩子选择的事业！

#上海电子竞技运动协会# 在《管理办法》中也为电子竞技运动员带来了多项保障和扶持。

-共享国家体育总局、上海市体育局、上海体育总会等单位信息。

-优先选拔进入市电竞协会建立的国际国内战队。

-为选手出国开具相关证明帮助。

-获得重大奖项时政府提供相应政策扶持。

-参加优秀评选。

-参加相关公益活动。

希望我们的电子竞技产业发展规划能够越来越好！ 收起全文

Newbee俱乐部微博发送的内容

16 体育新闻

电竞之晨

电竞选手走入“持证时代”

体育新闻报道的相关内容

很多人看到这个新闻纷纷表示很惊讶，现在电子竞技选手也需要持证上岗了吗？其实这个证书不仅仅只是一个上岗证书，选手还可以通过这个证书了解到国家体育总局、上海市体育局、上海体育总会等相关权威机构部门发布的信息。

获得证书后可以优先选拔进入上海市电子竞技协会组建的国际国内战队，为选手出国参加重要赛事开具相关证明，以及获得政府相应政策扶持，电子竞技行业选手持证上岗已是发展趋势。

职业选手拿到的证书

2019年，人力资源和社会保障部组织专家，按照新职业评审标准对新兴行业进行论证，初步确定并公示了15个拟发布的新职业。其中就包括了与电子竞技行业相关的“电子竞技运营师”和“电子竞技员”。

15个拟发布新职业：

1.人工智能工程技术人员

2.物联网工程技术人员

3.大数据工程技术人员

4.云计算工程技术人员

5.建筑信息模型技术员

6.电子竞技运营师

7.电子竞技员

8.无人机驾驶员

9.数字化管理师

10.农业经理人

11.工业机器人系统操作员

12.工业机器人系统运维员

13.物联网安装调试员

14.城市轨道交通线路工

15.城市轨道交通列车检修工

2019年发布的新职业

首先来了解一下电子竞技运营师。

定义：在电子竞技产业从事组织活动及内容运营的人员。

主要工作：

- 进行电子竞技活动的整体策划和概念规划，设计并制定活动方案。
- 维护线上、线下媒体渠道关系，对电子竞技活动的主题、品牌进行宣传、推广、协调及监督。
- 分析评估电子竞技活动的商业价值，设计活动赞助权益，并拓展与赞助商、承办商的合作。
- 协调电子竞技活动的各项资源，组织电子竞技活动。
- 制作和发布电子竞技活动的音视频内容，并评估发布效果。
- 对电子竞技活动进行总结报告，对相关档案进行管理。

这个职业相当于电子竞技相关的活动策划、编导、媒介以及内容运营的结合体。对于这方面比较感兴趣的同学，可以考取这方面的证书，注册成为官方认可的电子竞技运营人员。

再来介绍一下电子竞技员。

定义：从事不同类型电子竞技项目比赛、陪练、体验及表演活动的人员。

主要工作：

- 参加电子竞技项目比赛。
- 进行专业化的电子竞技项目陪练及代打活动。
- 收集和研究电子竞技战队动态、电子竞技游戏内容，提供专业的电子竞技数据分析。
- 参与电子竞技游戏的设计和策划，体验电子竞技游戏并提出建议。
- 参与电子竞技活动的相关表演。

人社部发布的两项电子竞技相关的新职业，对于整个行业来说无疑是一个好消息，标志着电子竞技的发展又向前迈了一大步，开始和传统职业一样进入大众的视野，并逐步被社会所接纳。

由于电子竞技相关职业证书的推出，电子竞技从业人员就可进行专业的培训，参加严格的考核，提高自身的专业能力。

第二节　认证要求和鉴定标准（摘录）

电子竞技多媒体技术应用技能培训和鉴定标准

1. 定义

使用计算机及相关外部设备与Premiere，After Effects，Bandicam,Edius,Audition，

Photoshop等软件完成电子竞技视频的录制、配音、剪辑、特效包装等相关操作。

2.适用对象

对电子竞技视频制作、攻略教程制作、电子竞技解说等感兴趣，具备基本的电脑操作能力，并希望从事电子竞技影视行业的人员。

3.相应等级

电子竞技多媒体技术初级：具备对电子竞技视频编辑、电子竞技平面素材处理的初级水平；具有对电子竞技视频处理的初步能力；能运用录制软件对电子竞技直播内容进行录制。

电子竞技多媒体技术：具备对电子竞技视频编辑、电子竞技平面素材处理的中级水平；能熟练运用录制软件对电子竞技直播内容进行录制。能独立地、熟练地运用两种以上视频编辑工具录制并制作较专业化的视频内容。

电子竞技多媒体技术高级：能独立地、熟练地运用三种以上视频编辑工具录制并制作较专业化的视频内容。包括内容剪辑、电子竞技解说配音等多项内容。制作完整的电子竞技解说视频与极具观赏性的电子竞技视频，包括游戏解说、赛事转播、游戏评测等多项内容。能熟练地使用电子竞技直播需要的软件和硬件以确保电子竞技直播的完整性。

4.培训期限

电子竞技多媒体技术初级：短期强化培训80~100学时

电子竞技多媒体技术：短期强化培训80~100学时

电子竞技多媒体技术高级：短期强化培训100~120学时

5.技能标准

5.1 电子竞技多媒体技术初级

5.1.1 基础知识要求

基本计算机操作指令

电子竞技各大经典赛事

电子竞技常规操作的名称解释

计算机性能与电子竞技游戏配置的关系

电子竞技的种类

5.1.2 技能要求

电子竞技游戏中使用录屏软件

电子竞技游戏录制后能输出电子竞技视频文件

Premiere基本操作

Audition基本功能的使用

Photoshop基本操作

使用Bandicam进行电子视频录制

对电子竞技视频进行转码

运用简单的蒙太奇手法制作电子竞技视频

运用简单的线性编辑工具编辑电子竞技游戏视频

使用电脑显示功能设置多频显示、多屏幕桌面

5.2 电子竞技多媒体技术

5.2.1 基础知识要求

电子竞技项目中各类角色的信息

电子竞技项目中出现的道具、主题、事件等基础知识

普通话基础知识

电子竞技赛事的基本知识

了解电子竞技视频制作所需的外设

了解市场上主流的直播软件

5.2.2 技能要求

Premiere的高阶操作

Photoshop基本操作

Premiere插件的使用

使用Audition对电子竞技视频进行修改

使用Audition录制电子竞技音频

使用Bandicam进行电子视频录制

使用Edius对电子竞技视频进行编辑

5.3 电子竞技多媒体技术高级

5.3.1 基础知识要求

电子竞技行业相关时事资讯

电子竞技视频的种类

蒙太奇的定义

蒙太奇的叙述方式

图像的基础知识

录音前的硬件准备

电子竞技解说知识

电子竞技播音基本语言表达技巧

录音的流程

5.3.2 技能要求

使用photoshop制作电子竞技相关图像

使用After Effects制作电子竞技视频

使用Audition完成电子竞技音频的处理

使用Edius制作电子竞技视频

调音台和导播台在电子竞技音视频直播中的应用

具备计算机视频编辑、图像处理、动画制作、声音编辑、数字电影制作等方面的能力

具备不同格式之间的视频文件转换的能力

调试电子竞技视频文件的使用环境，各媒介视频文件的标准尺寸、比例要求

使用计算机收集网络的电子竞技视频资源

6. 鉴定要求

6.1 申报条件

申请参加考核的人员，经过要求的培训后，根据本人能力和实际需要，可参加本模块设置的相应等级、平台的考试。

6.2 考评员组成

考核应由经人力资源和社会保障部职业技能鉴定中心注册的考评员组成的考评组主持，每场考试的考评组须由三名以上注册考评员组成，每位考评员在一场考试中最多监考、评判10名考生。

6.3 鉴定方式与鉴定时间

鉴定方式：使用全国统一题库，按照操作要求，完成指定的考试题目；考试全部在计算机的相应操作系统和应用程序中完成，实际测试操作技能。

鉴定时间：

电子竞技多媒体技术初级：120分钟

电子竞技多媒体技术：120分钟

电子竞技多媒体技术高级：180分钟

6.4 环境要求

Intel Pentium 4 或 AMD Athlon 64 处理器 (2GHz 或更快)、Microsoft Windows 7 Service Pack 1 或 Windows 8、2GB 的内存、128GB硬盘

7. 鉴定内容

7.1 电子竞技多媒体技术初级

7.1.1 电子竞技多媒体基础知识

基本计算机操作指令

电子竞技各大经典赛事

电子竞技常规操作的名称解释

计算机性能与电子竞技游戏配置的关系

电子竞技的种类

7.1.2　电子竞技录屏技术

Bandicam的常规设置

设置Bandicam FPS显示功能

使用 Bandicam录制视频

Bandicam输出保存、输出格式的设置

7.1.3　电子竞技视频处理技术

Adobe Premiere软件的基本设置

使用Adobe Premiere软件制作电子竞技视频，剪辑视频

使用Adobe Premiere软件制作电子竞技视频字幕

认识Adobe Premiere软件时间线窗口，面板

使用Adobe Premiere软件导出电子竞技视频

7.1.4　使用Adobe Premiere制作电子竞技视频

使用Adobe Premiere软件进行电子竞技音频素材的编辑操作

使用Adobe Premiere软件进行电子竞技视频与音频素材的合成剪辑

7.1.5　电子竞技音频处理技术

使用Adobe Audition软件单轨编辑电子竞技音频

使用Adobe Audition软件对电子竞技音频素材进行编辑及混音

使用Adobe Audition软件创建与打开文件

使用Adobe Audition软件进行波形缩放和滚动音频

使用Adobe Audition软件保存和输出音频文件

7.1.6　电子竞技多媒体综合应用

使用Bandicam录制的视频导入Adobe Premiere中剪辑

将Adobe Audition制作好的音频文件导入Adobe Premiere合成

将Adobe Premiere剪好的视频与音频导出成一个完整的电子竞技视频

7.1.7　电子竞技图像图形技术

Photoshop文件的基本操作

Photoshop图像尺寸的调整

Photoshop各项工具的使用

Photoshop图层的基础操作

Photoshop文字的设计
7.1.8 电子竞技直播技术
设置电子竞技直播画面分辨率
设置电子竞技直播场景窗口比例
设置电子竞技直播的画质
设置电子竞技直播的帧数
设置电子竞技直播的码率
7.2 电子竞技多媒体技术
7.2.1 电子竞技多媒体基础知识
电子竞技项目中各类角色的信息
电子竞技项目中出现的道具、主题、事件等基础知识
普通话基础知识
电子竞技赛事的基本知识
了解电子竞技视频制作所需的外设
了解市场上主流的直播软件
7.2.2 电子竞技录屏技术
设置Bandicam录像全屏和窗口区域录制
使用Bandicam截图
设置Bandicam设备录制模式
7.2.3 电子竞技视频处理技术
使用Adobe Premiere软件调整电子竞技视频画面颜色
使用Adobe Premiere软件调整视频色彩
使用Adobe Premiere软件对电子竞技视频进行颜色校正
使用Adobe Premiere软件修复曝光视频
7.2.4 使用Adobe Premiere制作电子竞技视频特效
使用Adobe premiere软件添加转场效果
使用Adobe premiere软件制作字幕特效效果
使用Adobe Premiere软件制作电子竞技视频特效
7.2.5 电子竞技音频处理技术
使用Adobe Audition软件在单轨编辑界面中选取、复制、剪切、粘贴电子竞技音频波形
使用Adobe Audition软件对电子竞技音频噪音采样、降噪
使用Adobe Audition软件完成电子竞技音频消除人声
7.2.6 电子竞技多媒体综合应用

使用Adobe Premiere软件和Photoshop软件混合制作视频
将Adobe Audition制作的音效导入Adobe Premiere进行合成
将Adobe Premiere制作好的视频导入Adobe Media Encoder进行转码
7.2.7　电子竞技图像图形技术
Photoshop蒙版的基本操作
Photoshop通道的使用
Photoshop路径的编辑
Photoshop滤镜的使用
Photoshop的抠图、合成、修复
7.2.8　电子竞技直播技术
直播平台中的直播设置
直播平台的场景设置
使用直播平台的录制功能
直播平台的场景简单运用
7.3 电子竞技多媒体技术高级
7.3.1　电子竞技多媒体基础知识
电子竞技行业相关的时事资讯
电子竞技视频的种类
蒙太奇的定义
蒙太奇的叙述方式
图像的基础知识
录音前的硬件准备
电子竞技解说知识
7.3.2　电子竞技录屏技术
使用camtasia studio 9软件录制电子竞技视频
使用camtasia studio 9软件截图功能
使用camtasia studio 9软件导出电子竞技视频
7.3.3　电子竞技视频高级处理技术
After Effects各项窗口操作
After Effects窗口设置
After Effects动画的制作
After Effects图层的管理
After Effects的新建项目操作
After Effects字幕制作

7.3.4 使用After Effects制作电子竞技视频

After Effects模板的使用

After Effects的效果与表达式的使用

After Effects的渲染与输出

7.3.5 电子竞技音频处理技术

使用Adobe Audition软件对电子竞技视频进行配音

使用Adobe Audition软件制作电子竞技音效

使用Adobe Audition软件录音

7.3.6 电子竞技多媒体综合应用

使用After Effects软件和Adobe Premiere软件混合制作电子竞技视频

使用Adobe Audition软件为Adobe After Effects 电子竞技视频配音

将After Effects的工程文件导入Adobe Media Encoder进行转码

7.3.7 电子竞技图像图形技术

使用Adobe Photoshop软件对电子竞技图像进行调色

使用Adobe photoshop软件对电子竞技图像进行蒙版操作

使用Adobe photoshop软件通道编辑电子竞技图像

使用Adobe photoshop软件路径编辑功能

7.3.8 电子竞技直播技术

直播平台选择游戏的设置

直播平台的设备设置

直播平台的插件设置

使用直播平台直播

8. 附加说明

本技能培训和鉴定标准经国家职业技能鉴定专家委员会计算机专业委员会审议通过，由人力资源和社会保障部职业技能鉴定中心负责解释。

CSIA 电子竞技赛事营销考试大纲

试题说明

考题数量：共40题

考试时间：120分钟

考题种类：单选题，多选题，主观题

1. 掌握游戏关键数据指标

（1）掌握游戏转化率及应用

（2）掌握游戏留存率及应用

（3）掌握游戏用户付费三指标

（4）掌握CPC、CPA、CPR等专业名词

（5）掌握CPC、CPA、CPR等用户成本计算公式

2. 对于电子竞技赛事和游戏理解

（1）掌握端游和手游营销区别

（2）掌握手游的用户群体和用户来源

（3）掌握端游的用户群体和用户来源

（4）掌握手游设计思路、推广方式、运营模式

（5）掌握端游设计思路、推广方式、运营模式

3. 掌握电子竞技赛事历史和常识

（1）掌握电子竞技运动的定义

（2）掌握电子竞技游戏和其他游戏的区别

（3）掌握奥美电子和暴雪公司历史及旗下成功产品

（4）掌握盛大和v社的历史及旗下成功产品

（5）掌握拳头公司和腾讯公司的历史及旗下成功产品

（6）掌握中国第一支战队的资料及经历

（7）掌握世界最早电子竞技赛事的资料和模板

（8）掌握中国电子竞技赛事的起源和历史

4. 掌握电子竞技产业生态

（1）掌握电子竞技企业生态结构
（2）掌握奥美公司生态结构及变化
（3）掌握盛大公司生态结构及变化
（4）掌握腾讯公司生态结构及变化
（5）掌握电子竞技产业生态结构

5. 掌握电子竞技营销

（1）掌握游戏行业盈利模式
（2）掌握各游戏，网易等游戏公司营销概况
（3）掌握电子竞技PC 端游戏七大营销策略
（4）掌握手游经典营销策略
（5）掌握电子竞技赛事中小游戏网络推广方法
（6）掌握电子竞技赛事中大型网络游戏网络推广方法
（7）掌握电子竞技赛事线上线下整合
（8）认识和掌握电子竞技PC 端游戏的精准营销
（9）认识和掌握电子竞技手游的精准营销

6. 掌握电子竞技赛事软文和广告营销

（1）掌握电子竞技赛事软文类型
（2）掌握电子竞技赛事广告植入方式和价值
（3）掌握电子竞技赛事小馒头+二维码营销

7. 主观题

（1）电子竞技赛事软文写作
（2）策划电子竞技赛事招商赞助方案

CSIA 电子竞技媒体编辑认证考试大纲

试题说明

考题数量：共42道

考试时间：120分钟

试题种类：单选题、多选题、主观题

1.关于电子竞技中非线性视频编辑软件内容（10道题）

（1）了解非线性编辑系统的概念

（2）掌握Adobe Premiere Pro CC 2017的系统属性、面板介绍及素材采集

（3）掌握Adobe Premiere CC 2017的静帧图像和字幕的制作

（4）掌握Adobe Premiere Pro CC 2017的视频运动制作

（5）掌握Adobe Premiere Pro CC 2017的视频转场功能及应用

（6）掌握Adobe Premiere Pro CC 2017的视频特效功能及应用

（7）掌握Adobe Premiere Pro CC 2017的音频特效功能及应用

（8）掌握Adobe Premiere Pro CC 2017影片的输出和参数设置

2.关于电子竞技视频栏目包装相关软件内容（10道题）

（1）掌握Adobe After Effects CC 2017的系统属性、面板介绍

（2）掌握Adobe After Effects CC 2017的层、遮罩与动画设置

（3）掌握Adobe After Effects CC 2017的描绘动画

（4）掌握Adobe After Effects CC 2017的高级色彩校正与降噪

（5）掌握Adobe After Effects CC 2017的抠像应用

（6）掌握Adobe After Effects CC 2017的运动跟踪与稳定制作

（7）掌握Adobe After Effects CC 2017的文字特效制作

（8）掌握Adobe After Effects CC 2017的表达式应用

3.关于电子竞技数字图像处理及制作软件相关内容（10道题）

（1）掌握Adobe Photoshop CC 2017的基础知识

（2）掌握Adobe Photoshop CC 2017的绘制与编辑图像操作

（3）掌握Adobe Photoshop CC 2017的创建与编辑选区

（4）掌握Adobe Photoshop CC 2017路径的使用

（5）掌握Adobe Photoshop CC 2017 色彩的调整

（6）掌握Adobe Photoshop CC 2017 图层与样式的应用

（7）掌握Adobe Photoshop CC 2017 通道与蒙版的应用

（8）掌握Adobe Photoshop CC 2017 滤镜与特效的应用

（9）掌握Adobe Photoshop CC 2017 的文字处理

4. 关于电子竞技音视频编辑软件相关内容（10道题）

（1）掌握音频的基础知识，音频的构成

（2）掌握Adobe Audition CC 2017 音频编辑软件的运行环境、安装过程、简单操作及相关命令

（3）掌握Adobe Audition CC 2017 音频编辑的基本操作

（4）掌握Adobe Audition CC 2017 音频特效处理——音量的调整，降噪的处理

（5）掌握Adobe Audition CC 2017 音频特效处理——混响效果的处理，具备使用Adobe Audition CC 2017 音频编辑软件进行效果处理的能力

5. 主观题（2道题）

（1）请大致说出电子竞技视频内容后期编辑工作的三个阶段以及内容。（掌握后期编辑工作的基本流程）

（2）请以“高校电子竞技文化”为主题，构思10 个以上的分镜头表达上述主题。要求写出每个镜头的景别、拍摄方式、拍摄内容、时间长度。（掌握基本分镜头脚本的写作）

CSIA 电子竞技俱乐部教练认证考试大纲

1. 理论基础建构

（1）了解电子竞技游戏核心理论基础
（2）了解各大热门电子竞技游戏项目
（3）了解电子竞技俱乐部教练自身能力素养
（4）考核对新战术开发创造与执行能力

2. 赛事分析的方法与技巧

（1）掌握如何设计并完善整个队伍的训练方案以及风格基本思路
（2）掌握如何负责赛前的准备以及赛后复盘、分析、讨论
（3）掌握如何记录并总结日常训练中出现的问题、方法及技巧
（4）掌握如何对队员进行战术指导以及制定针对性训练计划的能力

3. 沟通技巧与心理辅导

（1）了解队员竞技状态和心理状态如何关注；并进行及时调整或引导
（2）掌握如何发掘选手自身潜力的能力
（3）掌握如何沟通与辅导能最大程度激发选手达到最佳竞技状态的方法

4. 主观题

战队搭建题相关问题根据竞技优势分布图回答
（1）（2）两分析题

CSIA 电子竞技俱乐部运营专员认证考试大纲

试题说明

考题数量：共42道题

考试时间：120分钟

试题种类：单选题、多选题、主观题

1. 理论基础建构（20题）

（1）了解电子竞技游戏核心理论基础

（2）了解各大热门电子竞技游戏项目的特点与差异

（3）对电子竞技俱乐部的人工成本和行政费用的管理能力

（4）对国内外各大电子竞技俱乐部的了解

2. 队伍管理的多样性（13题）

（1）监督电子竞技俱乐部的日常运营

（2）定期与教练、数据分析师、队员沟通，收集整理数据信息

（3）监督队伍的比赛、训练情况

（4）有较强的团队组织能力，凝聚力，责任感，完善队伍的建设

（5）确保电子竞技俱乐部的利益

3. 沟通技巧与心理辅导（7题）

（1）了解队员竞技状态和心理状态如何关注；并进行及时调整或引导

（2）掌握如何发掘选手自身潜力的能力

（3）掌握如何沟通与辅导能最大程度激发选手达到最佳竞技状态的方法

（4）及时化解队伍的内部矛盾，帮助队伍营造良好的训练及比赛的氛围

4. 主观题

（1）建立一支电子竞技俱乐部，需要哪些人员构成

（2）若队伍内部矛盾被曝光会对俱乐部造成哪些危害

CSIA 电子竞技战术分析助理认证考试大纲

试题说明

考题数量：共42道题

考试时间：120分钟

试题种类：单选题、多选题、主观题

1. 理论基础建构（20题）

（1）了解电子竞技游戏核心理论基础

（2）了解主流电子竞技项目内容

（3）掌握电子竞技项目中项目角色特征、技能、装备、资源分配等基本知识

2. 战术分析的方法与技巧（13题）

（1）对擅长游戏有高水平的理解：比如MOBA类游戏的眼位分析、出装分析、资源分配分析、选手特点分析等

（2）具有赛前挖掘竞争对手特点以及大数据的分析能力

（3）具有分析整理当今主流及非主流战术的能力

（4）具有分析并总结复盘的能力

（5）具有对队员进行战术指导，结合己方战队特征进行战术制定的能力

（6）具有结合版本，对新战术开发创新的能力

3. 沟通技巧（7题）

（1）具有在教练和选手之间起润滑剂的能力

（2）具有将数据转化为对选手有帮助的东西

（3）具有将新战术特点以及复盘分析结果清晰表达的能力

4. 主观题

（1）看数据分析敌方战队特点，并制定一套针对的方案

（2）复盘题

在一场训练赛中的某一时刻，你所在的俱乐部战队的中单觉得这个时候应该组织推进，而你的打野觉得这时候有更好的选择，产生了争执导致断掉了游戏中期的节奏，并输掉了比赛。作为战术分析师，赛后你会怎么样去带着战队分析并且协调这一矛盾？

CSIA 电子竞技赛事策划认证考试大纲

试题说明

考题数量：共42 题

考试时间：120 分钟

考题种类：单选题，多选题，主观题

1. 掌握电子竞技赛事的前世今生 (10道)

（1）掌握当前世界顶级电子竞技赛事相关资料

（2）掌握世界顶级电子竞技选手相关资料

（3）掌握世界顶级游戏公司相关资料

（4）掌握当今八大类游戏相关资料

（5）掌握当今热门电子竞技游戏相关治疗

2. 掌握竞技类体育策划基本概念 (10道)

（1）掌握竞技类体育赛事目标设置

（2）掌握竞技类赛事“概念”规划五问

（3）掌握竞技类体育赛事可行性分析（宏观层面）

（4）掌握竞技类赛事举办地的资源条件分类

（5）掌握竞技类体育赛事的规划要素

（6）掌握竞技类赛事结构组建4 原则

（7）掌握竞技类大型体育赛事申请需知

（8）掌握竞技类比赛媒体传播条件

（9）掌握竞技类体育赛事管理的基本要素

（10）掌握竞技类体育赛事结构类型

3. 掌握竞技类体育赛事的组织运营和资金管理 (10道)

（1）掌握竞技类体育赛事运营系统构成要素

（2）掌握竞技类体育赛事现场集群人员管理四要

（3）掌握竞技类体育赛事物流基本特征

（4）掌握竞技类体育赛事的成本结构

（5）掌握竞技类体育赛事成本估计方法
（6）掌握竞技类体育赛事资金来源四大渠道
（7）掌握竞技类体育赛事公共资金筹集四大途径
（8）掌握竞技类体育赛事电视转播权的营销方式
（9）掌握竞技类体育赛事的电视转播权营销价格的影响因素
（10）掌握竞技类体育赛事财务报表的四指标

4. 掌握体育赛事的评估（10道）

（1）掌握竞技类体育赛事评估概述
（2）掌握竞技类体育赛事评估影响因数
（3）掌握竞技类体育赛事的经济影响
（4）掌握竞技类体育赛事的社会文化影响
（5）掌握体育赛事的城市形象影响

5. 主观题（两道）

（1）掌握赛事策划基本流程
（2）掌握电子竞技赛事赞助基本流程

CSIA 电子竞技数据分析助理认证考试大纲

试题说明

考题数量：共42 道题

考试时间：120 分钟

试题种类：单选题、多选题、主观题

1. 理论基础建构（20 题）

（1）了解电子竞技游戏核心理论基础

（2）了解主流电子竞技项目内容

（3）掌握电子竞技项目中项目角色特征、技能、装备、资源分配等基本知识

（4）了解并能熟练应用Excel 等数据处理软件

2. 数据分析的方法与技巧（13 题）

（1）对擅长游戏有高水平的数据分析理解：比如MOBA类游戏的KDA、资源输出百分比，队伍资源分配、眼位存在时间、选手擅长的英雄池BP 概率等

（2）具有赛前挖掘竞争对手特点以及大数据的分析能力

（3）具有分析比赛中对手擅长英雄的选择率及眼位分布

（4）具有分析并总结整场比赛数据的能力

（5）具有对队员进行数据分析，结合己方战队数据特征进行战术制定的能力

3. 数据归纳的技巧（7 题）

（1）以对手个人为单位对数据进行分类对比

（2）以单个英雄的大数据进行分类对比

（3）以各个电子竞技战队为单位进行分类对比

4. 主观题

（1）看数据分析敌方战队特点，并制定一套针对方案

（2）简要说明电子竞技数据分析在电子竞技项目中能起到什么作用，它的优点以及缺点

第十三章

电子竞技衍生产业

第一节　电子竞技酒店

电子竞技酒店最早起源于日本，后来才传入国内的北京、上海等地。

由于电子竞技酒店的电子竞技性质，未满十八岁的顾客是不能办理入住的，这是电子竞技酒店不同于普通酒店的地方。

电子竞技酒店每个房间都配备有电脑和电子竞技桌椅。为了让玩家在健康的环境里享受电子竞技游戏带来的快乐，不少电子竞技酒店都配备有空气净化器和排烟系统。

电子竞技酒店的特色之一，就是其房型设置。因为电子竞技游戏大多都是组队的，玩家们喜欢叫上三五好友“开黑”，所以其房型设置有二人间、三人间、四人间、五人间、六人间。

电子竞技酒店

第二节　电子竞技小镇

前两年，让人为之疯狂的《英雄联盟》、DOTA2、《星际争霸》等一时间风靡全国，人们随之也发现了电子竞技背后的经济市场非常巨大，自此我国许多城市开始电子竞技体验馆的项目建设，对城市的经济发展起到了提升作用。

在我国东部就有这么一座城市，也是全国唯一一座拥有电子竞技小镇的城市——杭州。杭州坐落于美丽的西湖边，是我国近些年经济发展非常不错的城市。杭州本身也是因互联网发展而崛起的城市，清楚了解电子竞技产业背后的经济潜能，所以非常果断地在下城区建设了首座电子竞技小镇。

电子竞技小镇建设规划带有鲜明的标签——大部分为三四线城市，处于经济转型当口，以举办相关比赛为电子竞技小镇建设开路。

重庆忠县表明将以举办全国移动电子竞技大赛（CMEG）总决赛为契机，吸引相关企业落户。忠县县委书记称，“位于三峡库区的忠县，经济相对落后，电子竞技产业将是一个突破口”。

同样是举办过CMEG总决赛的贵阳，在2016年便宣布了将联合大唐电信建立移动电子竞技小镇，覆盖电子竞技产业及上下游产业链，并面向全国，吸引手游、电子竞技、智能穿戴等项目加入，帮助它们在贵阳落地孵化，迅速成长。

在全国的电子竞技小镇建设潮中，位于西部的宁夏银川是为数不多的首批“出海者”之一，从目前的情况看，其电子竞技产业的建设，已经与地方产业接轨，并有望推动地方经济的转型升级。

2014年，银川市宣布举办世界电子游戏竞技大赛（WCA）及设立文化产业基金、游戏产业并购基金，在西部打造中国的“游戏之都”，推动该市游戏产业大发展。

同时，以盛大游戏为标志，银川市政府还通过帮助游戏上市公司进行重组吸引企业落户。电子竞技产业与其他实体产业不同，对于区位、运输成本敏感性不高，前期看重的是地方政府支持力度，后期则看重的是产业聚集度。

在新常态下，西部欠发达地区缩小与东南部发达地区发展差距的方式主要有两种，一种是传统意义的承接东部转移产业，一种是发展新产业，银川选择了后一种。宁夏过去的产业结构以煤炭、电力、化工为主，受宏观形势影响，上述产业景气度在近年来出现了一定幅度的回落，而电子竞技产业则成为了宁夏新经济的代表。

银川市出台的《关于促进电子竞技产业发展的实施意见》是全国首个扶持电子竞技产业发展的实施意见。在电子竞技研发促进方面，对从事游戏研发、设计、生产、交易并在银川落户或设立结算中心的创新型企业，给予市级税收的扶持，而对在银川注册的电子竞技俱乐部，进入全国性、国际性赛事决赛分别给予支持。同时还在人才培养、产业链延伸、产业服务等方面给予相应政策支持。

第十四章

电子竞技产业总体分析报告

目前国内电子竞技赛事主办趋于多元化。除了传统赛事的主办方（即游戏运营商）积极参与之外，越来越多的第三方赛事主办者，如政府机构、游戏媒体、俱乐部联盟纷纷登场。

游戏运营商组织电子竞技赛事的目的是扩大代理游戏的影响力和用户参与度。腾讯、网易、完美世界作为国内主流游戏运营商积累了丰富的赛事运营经验。腾讯拥有经营 TGA 赛事和CF 系列赛事的经验，并在此基础上形成阶梯型的《英雄联盟》赛事体系。《英雄联盟》庞大的用户群体、游戏客户端直接推送赛事内容成为腾讯打造《英雄联盟》电子竞技品牌的优势所在。这种覆盖面更广、赛程更长的赛事体系将有助于腾讯进一步将用户转换为电子竞技受众，同时增强用户对游戏的粘性。

网易和强势的暴雪共同打造电子竞技赛事，赛事体系职业和业余并重。完美世界选择和国内专业的赛事执行方MarsTV合作举办赛事，但在业余赛事布局上空白，失去了调动DOTA2用户活跃度进一步推广游戏的机会。

政府重视电子竞技行业，电子竞技赛事规范化指日可待。2014年，中国电子竞技业不仅仅赢得了市场和资本的青睐，政府也开始主动支持电子竞技行业。银川市政府支持WCA 永久落户，北京、武汉等地纷纷上马政府扶持的电子竞技项目，央视新闻联播等黄金资源向电子竞技伸出橄榄枝。银川市政府和银川圣地国际游戏投资有限公司联合运营的WCA在创办元年就创造了世界电子竞技史上参赛选手覆盖范围最广、数量最多的纪录。WCA 2014的2000万总奖金已经创造了综合性电子竞技赛事的纪录，而 WCA 2015 更将这个金额增加到1亿元人民币。此外，国家体育总局体育信息中心在2009年成立了电子竞技项目部，2010年该部开始尝试举办比赛，目前已经有三个全国性质的大赛：全国电子竞技大赛（NEST），全国电子竞技公开赛（NESO），全国高校电子竞技联赛（CUEL），以及一个国际性质的比赛——国际电子竞技大赛（IET）。

第一节　电子竞技专业化和市场化

国内电子竞技市场各领域呈现专业化和市场化并进的趋势，逐渐向成熟的传统体育靠拢，加速整体电子竞技市场的良性发展。总体来说，专业化和市场化之路将涉及整个产业链。

赛事体系趋于完善

近几年，各类电子竞技赛事（职业联赛、次级联赛、业余联赛）不仅在数量上大幅增加，赛事升级逐渐成熟化、职业化，赛事品牌的塑造也使这些联赛发生质变，最终形成阶梯式的完整赛事体系，随之吸引到更多赞助商和投资方，实现电子竞技赛事造血能力的升级。

电子竞技俱乐部职业化

未来国内电子竞技俱乐部将在数量稳步增长的基础上朝着综合性越来越强、内部分工进一步细化的方向发展。未来的电子竞技战队将不仅仅局限于五名参赛选手，替补选手、领队、分析师、营养师、心理辅导师等辅助人员将会在俱乐部中扮演更加重要的角色。转会制度将会进一步成熟，逐步向传统体育项目靠拢，跨国转会将会屡见不鲜，恶意挖角、隐藏签字费等现象基本会被杜绝。随着俱乐部规范化的运营和管理，选手的明星效应也会极大提升，广告代言将会触及到大众消费品。

内容制作和传播多元化

用户关注的核心始终是内容，随着电子竞技行业的专业化，对于制作和传播内容有了更高的要求。未来内容制作者将进入PGC（专业生产内容）节目制作领域，带来更专业的电子竞技内容，进而带来更高的资本关注度，与游戏厂商、直播平台等合作更为紧密。游戏直播平台也将推出更多PGC内容（自办赛事、节目），丰富内容体系，增强用户粘性，避免用户轻易跟随明星主播、赛事内容转换平台。

第二节　电子竞技移动化

未来电子竞技产业发展有望趋于移动化，主要原因有三点：①整体环境来看，手游行业自2013年以来始终保持两位数的增长；反观端游市场已过黄金期，近几年增长缓慢。②手游操作门槛低，用户参与、观赛意愿都很高，目前国内已有4.08亿庞大的手游用户群。③竞技类手游这块细分市场仍是开发的新领域，移动电子竞技碎片化、低门槛和竞技性的特色能够同时满足端游电子竞技用户希望在低投入下亦能获得胜利感的需求以及越来越多的手游用户逐渐产生的对竞技性的追求。以英雄云娱为代表的各大厂商纷纷布局移动电子竞技游戏及其赛事。

国内移动电子竞技产业尚处于市场启动期，1～2年内有望进入高速发展期。相较于整体快速发展的电子竞技行业，中国移动电子竞技产业目前尚处于市场启动期。从以往移动电子竞技产品上线和赛事开展情况看，2013～2014年处于产品真空期和赛事探索期，

WCG、WCA和腾讯 TGA 引入的各类赛事主要以品牌宣传为核心。到2015年，FPS 手游《全民枪战》和MOBA手游《乱斗西游》的上线才真正开启了移动电子竞技时代，移动电子竞技行业在手游厂商、电子竞技手游产品、移动电子竞技赛事、游戏直播平台等产业链各环节共同助力下快速启动，出现了“HPL–英雄联赛”、QGC等游戏厂商助推的移动电子竞技赛事，市场关注度迅速提高，预计在1～2年内进入高速发展期。

第三节　电子竞技娱乐化

电子竞技和娱乐产业的受众群体基本都为年轻用户，这种高重合度促使两个行业呈现融合之势，互相借势扩大用户群体，增加影响力。一方面，娱乐明星频繁跨界参与电子竞技，高曝光率和不菲的代言费成为明星跨界的主要原因，庞大的电子竞技观众成为明星扩大粉丝群的又一途径。娱乐明星上演跨界演出的例子包括周杰伦《英雄联盟》直播首秀观看人数超过1700万、《英雄联盟》周年庆王思聪大战周杰伦、Angelababy熊猫TV首播等。另一方面，电子竞技明星也开始涉足娱乐圈，登上电视真人秀的舞台，例如若风、Sky、xiao8等电子竞技明星参加湖南卫视真人秀节目《全员加速》，退役选手草莓参与真人秀等，电子竞技圈和娱乐圈的接轨进一步深化。

第四节　电子竞技虚拟化

随着 VR+时代的到来，VR与电子竞技项目的结合将成为行业新的发展方向。VR+电子竞技模式无论是对VR游戏产品提供者、资本方、还是游戏玩家来说都是一个颠覆性的思维模式。正是看到了这样的契机，2015年底北京竞技时代推出了全球首届虚拟现实电子竞技大赛WVA（World Virtual Reality Arena），此次竞技的主角是重金打造的VR第一人称射击游戏《虚幻实战》。赛事主办方北京竞技时代公司希望通过WVA建立全球VR电子竞技联盟和完整的赛事体系。

VR体感+电子竞技可以延伸出一条全闭合产业链。相较传统电子竞技依靠爆款产品积累市场、玩家、赛事，继而衍生出淘宝店、直播、粉丝经济等，VR以及类似任天堂JoyCon等体感设备不仅可以连接电子竞技，也能够连接包括游戏研发、影视拍摄、媒体、渠道、赛事直播、投资基金等领域。厂商可以通过VR电子竞技进行一系列的产业布局，从微电影和网剧下手，先行培养粉丝，打造属于自己的IP产品，并包装一款以VR电子竞技为主题的视频综艺节目，通过和电子竞技相关的一系列话题制造，引发全民电子竞技热。

不知何时开始，电子竞技在人们的眼里逐渐由网游转变成了一项职业运动，有人说是因为2007年亚洲室内运动会引入电子竞技为正式比赛项目，也有人把2012年中国在DOTA2、LPL两个国际赛事中拔得头筹轰动世界作为职业运动开启的标志事件。其实早在2003年11月18日，国家体育总局已批准将电子竞技列为第99个正式体育竞赛项目，并宣布于2004年举办首届中国电子竞技运动会。遗憾的是，在此之后经历了整整十年，电子竞技在中国才渐有起色。并非国家不予重视，也不是没有“幕后英雄”在为电子竞技发展而努力，而是对网游的负面社会舆论，这股巨大浪潮总是能吞没掉电子竞技所带来的正面影响，这并非个体现象，电子竞技在世界各地被接受程度不一，从业者往往还要面对亲属或旁人关于“你打游戏能养活自己吗？”的质疑。

幸运的是，中国互联网飞速发展，1997年我国上网用户为62万人，截至2014年12月则达到了6.49亿，是17年前的1047倍。正是在这样的大前提下，信息传送越来越便捷，人们思想也随之更为开放，中国电子竞技的一则则好消息和其所带来的巨大影响也逐渐被社会大众所知晓：2006年Sky 蝉联两届 WCG 世界冠军并在同年入选中央电视台体坛十大风云人物；2008年CCTV 10《百科探秘》栏目播出《78号运动》；2011年CCTV 5《体育人间》播放电子竞技特别节目；2014年LOL全球冠军赛和地区总决赛的奖金总计高达300万美元；同年DOTA2第四届国际邀请赛中国新秀战队NewBee 击败另一支中国劲旅 VG战队夺得冠军并获得高达3120万元的高额奖励……

中国战队NewBee夺得TI4总冠军并豪取500万美金，巨额奖金数和国家电视台的播报冲击着人们的眼球，难以想象在他们眼中毫无意义的“玩游戏”什么时候也这么能挣钱了？多数人逐渐认清电子竞技与网游的区别，当然，制约电子竞技发展的原因不止缺乏社会认可，也有从业者综合素质低、商业化不明确等原因，近几年来虽在各方面都有所改观，但电子竞技之路仍有很长一段要走。在韩国，电子竞技及其相关产业链的价值甚至超过汽车行业，一度成为GDP第三大支柱，前总统卢武铉更曾任有“电子竞技奥运会”之称的WCG赛事名誉主席，并邀请韩国《星际争霸》选手到青瓦台一对一PK。在电子竞技明星这方面的发展更是远超其他国家，本身在其国内就有着极好的电子竞技氛围，再加上完善的电子竞技联赛，稳定的职业收入，顶级电子竞技职业选手在韩国可谓是炙手可热，他们的影响力相比那些偶像明星甚至有过之而无不及，由此可见韩国的电子竞技风尚之盛。

中国电子竞技快速发展的这两年间，国内战队也形成了电子竞技明星包装潮流，更大力代言宣传活动。像国内知名LPL战队OMG，由于选手们颜值都颇高，俱乐部更着力要将其打造成偶像天团，不仅有现场签名会，还拍摄各类酷炫MV进行宣传造势，最火的要数OMG出品的战队主题歌“星球之光”，这首励志歌曲由OMG的所有成员合唱完成，MV 拍摄效果也非常出色。

另一方面，为了打响战队知名度而花费如此大量的时间与精力包装选手、宣传造势、打造偶像形象，职业选手的训练时间是否能够保证？电子竞技选手的天赋固然重要，但后天努力更为关键，不仅要通过大量长时间的训练来提升选手能力，更需要足够的训练时间来保持状态。当前最火热的竞技游戏《英雄联盟》就曾有相关丑闻传出，某战队由于花费大量精力做俱乐部公关，参加各种商演，携手官方平台打造战队节目等导致比赛连连失利，战绩一落千丈。虽然这仅仅是一种质疑声音，但不可否认的是，电子竞技的核心仍然是竞技水平的强弱，而非公关水平的高低。

青少年中有人赞叹职业选手的实力智慧，也有人喜欢选手的帅气可爱。当下的电子竞技明星可谓是男女通吃，粉丝一抓一大把，电子竞技选手成为了年轻网民争相追逐的对象，他们的一举一动将会影响到很大一部分群体，也会引领某种新潮流。但是，电子竞技由于其职业特性，几乎所有选手都是20岁以下，而那些明星级选手的巅峰时期更大多在18岁左右，这也让多数人担忧。毕竟选手的年龄太小，心智尚未成熟，在这个阶段获得太多的荣耀和各种“明星”光环可能影响他们的未来成长。不仅如此，他们的所作所为又将影响到很多青少年，所以光会“玩游戏”是绝对不够的。随着社会的发展，在大力发展电子竞技的同时，更需要重视选手素质、文化等综合能力的提升，只有这样，才能让电子竞技的未来之路更为顺畅，给社会带来更多正面的影响。